山旅ときめき紀行
——山は愉しみに満ちている
渡辺国男
日本機関紙出版センター

はじめに

芥川龍之介の小説に「トロッコ」という短編があります。
鉄道工事現場の土を運ぶトロッコに興味をもった少年が、「トロッコを押してあげようか」と土工たちに声をかけ、一緒にトロッコを押して坂を上ります。雑木林の坂を上ったところで、高い崖の向こうに海が開けます。そこで少年はずいぶんと遠くまで来てしまったと感じ、心細くなり早く帰りたいと思い始めます。しかしさらにトロッコは山の中を上り下りしながら進んで行きます。やがて日が暮れはじめ、土工たちから帰るように言われます。少年は長い道のりを泣きながら走ります。あたりがどんどん暗くなる中、「命さえ助かれば」などと思いながら出発点の作業場に戻ります。少年は涙を流しながら声を押し殺して家に戻り、大声で泣きじゃくります。

知らないところに行ってみたいが怖くもある。好奇心と不安が入り交じる少年の心の動きを、後年主人公が回想した短編です。

日々行動半径を広げていく幼少の頃、誰しもこんな心細い思いをしたことがあるでしょう。

私が山に向かい始めた原点は、この少年のように未知への好奇心と不安との緊張感にあります。

初めて山らしい山に登ったのは、小学校4年生の遠足で福井市郊外の300メートルほどの文殊山。それまで100メートル足らずの、麓から山上が見える裏山で遊び惚けていた少年にとって、この山は奥深く未知に富んでいました。ジグザグに登山道が切られ、山の奥にさらに山が続く。

「あれ、山に川が流れている」

今から思えば小沢に過ぎなかったのでしょうが、ごく当たり前の光景が、少年の私にとっては裏山にはない摩訶不思議な世界に見えました。

この少年の頃のときめきが長じても冷め止まず、以来56年間飽きもせず山を歩き続けています。

もう一つ原点と言えるのは、小学校5年生か6年生だったか、国語の教科書に載っていた、僧侶が仏教の原典を求めて当時鎖国していたチベットに潜入するために、ヒマラヤ越えをしてチベット側の川を渡渉するシーンでした。雪解けの水はしびれるほどに冷たかった――確かそのようなくだりでしたが、しびれるような冷たさとは一体どんな冷たさなのだろうと子ども心に不思議に思いました。後年このくだりが河口慧海の「チベット旅行記」（講談社学術文庫）の一節であることを知りました。チベットに潜入する前インドに滞在し、チベット語や風俗を身に付け、ヒマラヤを越えて怪しまれずに潜入できたのでした。私はこの教科書の一文で探検というものに関心をもちました。

山は未知のワールドのときめきに満ち満ちています。山は私の好奇心と探検心を十分満たしてくれ続けました。

登山家にして探検家だった梅棹忠夫元国立民族博物館館長は「山は一大総合研究所」といったことがあります。山旅は自然、気象、地理、歴史、宗教、文学、風俗、政治、写真、環境、社会問題……知的な探求心を広げてくれます。

山旅には三度の愉しみがあります。一度目はガイドブックやネットで資料を探り、計画を練ること。二度目は山に入り実際に山を旅すること。三度目は山旅を振り返り山行記にまとめること。

今日ならＳＮＳにアップし、ネット上で交流することも愉しみでしょう。

もう四半世紀以上も前のこと、北海道の「地の果て」の山を5座連続登ったことがあります。ハードな日程でしたが、充実した達成感とわくわくした感動を独り占めしておくのは勿体ないと紀行文を書き、小冊子を知り合いに配布しました。外交辞令にしても「意外と面白い」との反響に味をしめ、以来主だった山旅は紀行文にまとめ、毎年末に小冊子にして配布することを恒例にしてきました。山好きは世にごまんといるでしょうが、ここまでやる人は少ないでしょう。

本書はこれら書き散らしてきたものに手を加え、テーマごとに26話を並べたものです。

イギリスの著名な登山家Ｗ・ヤングは「山の本を読む人も登山家である」といったことがあります。本書で山を歩いた気分を味わい、山の愉しみを発見し、山の魅力と山にかかわる知的関心を共有していただければ幸いです。

２０２０年12月末日

渡辺国男

目次

目次

古き峠を越える　63

地の果ての山を行く　85

山岳宗教で栄えた山　117

目次

得もいえぬ山を滑べる醍醐味　221

ちょっときつい達成感のある山　251

先人に描かれ、書かれた山をたどる

第1話　木曽駒ヶ岳（2956メートル）

……大正期の尋常高等小遭難事故に題材をとった「聖職の碑《いしぶみ》」（新田次郎）コースを歩く

新田次郎「聖職の碑」は、大正2年（1913年）長野県伊那谷の中箕輪尋常高等小学校2年の生徒らが台風の接近で暴風雨に遭い、11人が死亡した遭難事故に題材をとった小説である。

それは伊那谷では語りつがれた遭難事故だったが、一般に知られるようになったのは、「聖職の碑」（1980年）が発表されてからのことである。出身が伊那谷に近い霧ガ峰だった新田次郎は、遭難の報告書を読み、調べはじめたのは晩年近くになってからだ。調べが進むうちに小説にまとめるには、格好の題材であると確信するに至ったこと、駒ヶ岳遭難事故の調査に出かけたことまでのことが「聖職の碑」の奥付けに記されている。

小説「聖職の碑」のコースをたどることは私の脳裏を絶えずかすめてきたテーマだった。

前夜、伊那市内の格安宿に宿泊。同行のT男さんと夕食をとりに入った居酒屋の主は、見かけぬ私たちに何かと話かけ、自ずと木曽駒ヶ岳のことが話題になった。しかし途中から主は怪訝な顔付きである。それが「木曽駒ヶ岳」と口にしたことにあると気が付くまでにそれほど時間を要しなかった。伊那谷では木曽駒ヶ岳は西駒、南駒ヶ岳は南駒、甲斐駒ヶ岳は東駒と呼ばれていることを、確かジャーナリスト・本多勝一の著書で読んだことがある。伊那谷の南端、飯田高校山岳部出身の本多勝一は地元の駒ヶ岳の呼び名にこだわりを持っていた。しかしとっさのことで思い出せない。

「伊那谷では木曽駒ヶ岳とは言いませんでしたね。なんといいましたか」

「木曽駒は西駒、甲斐駒は東駒だよ」

正直に告白すると、主に機嫌が戻った。

3000メートル級の南アルプスと中央アルプスに挟まれ、天竜川が悠々と流れる伊那谷は広くて長い。東に中央アルプス、西に御岳山の大山塊が間近に迫る、狭い木曽谷とは様相が異なる。その伊那谷にはもう一つ南駒ヶ岳が加わる。しかし伊那谷で駒ヶ岳を東西南で呼ぶには便利でも、全国に数ある駒ヶ岳と区別することができず、全国的通用には至らなかった。伊那谷の南端は南アルプスの末裔に阻まれ、太平洋側の東海道とは交通幹線が通じなかった。幹線は伊那谷の北端をかすめて東京方面へは甲府盆地を経て通じ、名古屋や京阪神方面へは木曽谷を経て通じた。だから幹線沿いの甲斐駒ヶ岳や木曽駒ヶ岳の呼称が全国通用するようになった。伊那谷が全国的交通・情報通信ネットワークに組み込まれることによって、西駒や東駒の山名は歴史的敗北を喫したといっていい。もっとも南駒ヶ岳が全国的通用しているのは、南を冠する駒ヶ岳がここだけだからだ。

しかし四方による呼称に相対的限界を認めたとしても、「伊那人」にとって「木曽」とか「甲斐」の固有名詞が駒ヶ岳に冠されることは我慢ならないだろう。西や東、南の呼称にこだわる「伊那人」の誇りを感じ入る。

「ロープウェイが改修で秋まで運休中だから、静かな西駒を楽しめるでしょう。運行中ならスカート・ハイヒールで登ってくる人もいますから」

従業員がそういって送り出してくれた。30年の耐用期限がきてロープの取り替えを行うのに合わせて、千畳敷のホテルやしらび平へのアクセス道路も改修中とのことだ。ロープウェイが架けられた西駒は便利になり喧騒すぎる。30年目に訪れた静かな西駒を歩ける僥倖《ぎょうこう》を喜びたい。


7月22日早朝、タクシーで桂小場の登山口へ向かう。谷間《たにあい》に入って集落を眺めていると、「内ノ萱公民館」と記されている建物に気がついた。運転手に確かめると内ノ萱に違いない。ここが遭難事故が起きた当時救援基地となった部落である。

取り付きの桂小場はそこから少し先にあった。人気のない信州大学農学部の演習林宿舎前でタクシーを降りると、入り口には「西駒宿舎」と大書されている。間違いなく伊那谷では「西駒」で統一されている。隣に建つ案内板には、大正2年の遭難事故の生徒が登ったコースが詳しく解説され、「昭和四二年にしらび平と千畳敷にロープウェイが架けられるまで西駒登山のメインルートだった」と記されている。

その少し先の広い駐車場に駐車しているのは3台だけ。平日とあって入山者は少ないようだ。これなら静かな山行が楽しめるだろう。今日の予定は頂上小屋泊まり。信大演習宿舎の標高が1227メートルと記されていたから、標高差は1700メートル近くあり、一級の登りである。7時スタート。「ちりめん坂」と呼ばれる樹林の斜面のジグザグをひと登りすると、湧水の「ブドウの泉」に出る。たちまち大汗をかいた顔をぬぐうと、一瞬卒倒するほどの冷たさが全身を走る。大きなつづら折りのたんたんとした登山道は歩きやすくピッチが上がる。500メートル高度をあげ標高1700メートルを超えると、樹間からこれからたどることになる胸突八丁の尾根が左手に垣間見えてくる。野田水場を過ぎると勾配が緩んで尾根の山腹を巻くようになり、快適な道は続いた。

しかし快調だったのはここまでで、権兵衛峠からの長い登山道と合わせて尾根に出、幾分勾配が増した馬返し辺りから徐々に力が入らなくなり、ペースダウン。フーフーいいながらようやく大樽小屋に着いた(9時50分)。しゃりバテか、とチョコレートを口にしたが腹のおさまりがよくない。元気なT男さんは水を求めに沢を下って行ったが、私は小屋に入り込んで寝転ぶ有様。登り始めて3時間しかたっていないのに、大ブレーキを起こすとは最近にはなかったことだ。昨夜居酒屋で口にした「ローメン」なる、ニンニクをベースにした焼きそば風の食べ物が消化不良を起こしたのか、それとも5月の連休以来、休まず仕事してきた疲れによるものなのか、確たる要因は分からない。ここで2000メートルを超えたばかり、標高差でいえばまだ半分を残しているというのに先が思いやられた。

腰を上げる意欲をすっかり失って小屋前で長居していると、今日初めて出会った下山者から「今朝は御岳がよく見えた」と話しかけられた。今夏はなかなか梅雨が明けない。昨夜の天気予報もかんばしくはなかった。「降られなかったら幸い」——という程度の期待で出かけてきたのに思わぬ朗報である。その朗報に少しばかり元気をもらってようやく重い腰を上げた。しかしなおも力が入らず、少し歩いては休憩のくり返し。勾配が増していよいよ胸突八丁にさしかかった。

子どもの嬌声が聞こえ出し、先程まで小鳥のさえずりだけが支配していた静寂を突き破ってきた。中学生の集団登山の一行に違いない。

「二手に分かれて200人ほど下ってきますから迷惑かけます」

間もなく先導の教師が協力を求めてきた。私はこれ幸いに再び腰を下ろし、生徒たちをやり過ごす。「聖職の碑」コースをたどりに来て、木曽駒ヶ岳の集団登山の生徒に出合うとは何というラッキーなことか。彼らが伊那谷最北端の辰野中学の2年生であることは、お揃いのトレシャツのネームで知れる。ロープウェイが架かる中御所谷から入山し、昨夜は主稜線上の宝剣山荘に宿泊し、早朝に山頂を踏んで下ってきたとのこと。教師たちは先頭と最後部だけでなく、長い隊列の要所要所に付いて、トランシーバーで頻繁に連絡を取り合っている。大正2年（1913年）の遭難事故の教訓を生かし、安全に万全を期している様が伝わってくる。


その遭難事故は、明治の末期、伊那谷の尋常高等小学校の修学旅行として西駒の集団登山が開始されて数年目にして引き起こされた。西駒は「伊那人」にとって親しまれている山とはいえ、3000メートル近い一級の高峰である。当時登山がまだ一般化しておらず、履物は草鞋、雨具はゴザで装備らしい装備もない。尋常高等小学校2年（今日でいえば中学2年）の生徒が高峰に集団登山することに、父兄の間で相当不安があったことだろう。その不安は遭難が起きるやごうごうたる非難の声に変わったにちがいない。集団登山を再開することを口はばかる雰囲気もあっただろう。しかし伊那教育会は翌年遭難記念碑を建て、12年後にただ一人見つからなかった少年の遺体が発見されると、その翌年1926年には集団登山の再開にこぎつけている。

もっとも、集団登山再開はスムーズに運ばれたわけではない。当時流行の白樺派の影響を受けた、理想主義教育の教師集団は、14〜15歳の生徒が駒ヶ岳に登山するのは無理だと発言し、実践教育を自認する赤羽校長らが推進する集団登山を、「軍国主義的鍛練主義」——と、新田は批判的に描いている。いずれにしても伊那教育会は集団登山再開にむけて誤解を解き、集団登山の意義を語り、再開をはかったのだろう。

今日では西駒集団登山の目的は、

一、旺盛な気はくと忍耐力によって西駒ヶ岳に登り、身体をきたえるとともに強い意志を養う。
二、高山の自然（高山植物、地形、地質、原始林、雪渓、雲海など）に親しみ、観察する。
三、高山の景観に接し、自然の偉大さを味わう。
四、仲よく協力の精神を発揮し、登山のよろこびを共に味わう。

として集大成され、伊那谷の中学校では2年生の行事として引き継がれている。

〈君たちは中学2年で3000メートルの高峰に足跡を残したことは、人生の自信になるだろう。そしてきっとよい思い出を残すことになるだろう〉

生徒たちから次々声がかかる「こんにちは」の挨拶に応えながら、修学旅行で阿蘇山に立った以外、高校を出るまで1000メートルを超える山に登ることもなかった私は、独り彼らをたたえた。生徒の集団が通りすぎて再び静寂が戻り、重い腰を上げる。樹間から将棊頭山《しょうぎがしらやま》と権現づるねの大きな尾根が視界に入ってきた。依然不調は続いたがだましだまし歩いて、ようやく胸突八丁の頭だ。そこは森林限界を超えてハイマツが広がり、ついに2600メートルの枝稜線上に出た。この先はそうたいした登りはなくだらだら稜線歩きだが、この体調からいってコースタイム通り登れても、さらに2時間以上を要する頂上小屋まで歩くことは無理である。元気だったT男さんも胸突八丁の登りの最後はさすがに堪えたという。一も二もなく今日のところは西駒山荘泊まりと相成り、水平道をたどった。

将棊頭山の直下に建つ西駒山荘に着いたのは14時。コースタイムより実に3時間遅れである。大正2年の遭難事故の翌年に建てられたこの小屋は、歩く気力を失った私たちの救いの小屋となった。

23日早朝、伊那谷側に低く雲海が発達し、ガスが巻き上がってきているが視界は十分ある。梅雨時は雲が低いといわれる。下界は降っていても雲海の上は下界の天候に支配されない。稜線上はどうやら視界が得られそうである。6時スタート。花崗岩が風化したザレの白い砂を踏んでハイマツの切り開きをたどると、ボリュームのある馬ノ背とその最奥に駒ヶ岳が認められる。整いすぎるまでの三角錐を見せる中岳、その左にちょっぴり頭を出す岩峰は宝剣岳だろうか。そして伊那前岳が大きく張り出す。木曽谷側に眼を移すと、すっかり残雪が消えた黒っぽい御岳が雲海から頭を出している。

遭難記念碑のあるハイマツの切り開きを高原漫歩しながら、生徒らがさまよい、次々倒れていった遭難事故に想いを巡らせた。遭難事故前日の飯田測候所の予報は、低気圧が接近していることは認識されていたものの、「北東の風、曇りなれどもにわか雨の模様あり」という当たり障りのないもの。登山の中止や変更を促すものではなかった。だいたい当時の気象観測のレベルは、大気の低圧部ということでは低気圧も台風も同じだが、成因も性質もまったく異なる低気圧と台風の区別すらついていなかった。そういうレベルで台風の接近を予知することは困難だった。また当時まだラジオ放送も始まっておらず（ラジオ放送の開始はそれから12年後の1925年〈大正14年〉）、伝えることも困難だった。大気圏を立方体のメッシュに区切り、気圧や風力、風向き、気温、湿度を計測した数値情報にもとづいて出される天気予報や、静止衛星からリアルタイムで送られてくる気象画像で台風の接近を予報する今日とは隔世の感がする。そのメッシュもさらに細分化されていると聞く。

それに主稜線上の伊那小屋が壊れていて、強い風雨に長時間さらされるという不運が重なった。だから遺族から学校の責任を問う声が出たのは当然の心情だったとしても、不可抗力だとして学校側の責任を問う世論は少なく、県や教育会も学校側に同情的態度をとった。

確かに当時の気象水準からいって台風の接近を避け、登山日を変更することは無理だったかもしれない。しかし行程に無理があったといえまいか。彼らの行程は、早朝中箕輪尋常高等小学校から桂小場まで5時間歩いたうえに取り付き、標高差1700メートルを登り、ようやく夕方主稜線の伊那小屋に着いている。早朝5時から12時間も歩き続けたら、疲労の蓄積は極限に達していたはずだ。しかも14～15歳の年端のいかぬ生徒らのことである。新田は集団登山の推進者であった赤羽校長に「登山にはいくらかの困難はつきものだ。それがなければ鍛錬の意味がない」と語らせているが、12時間を超える歩行は困難とか鍛錬の域を超えている。この鍛錬主義の傾向は、この先、昭和の時代にかけて「人間の条件」（五味川純平）に見られるような軍隊内の暴力主義のさきがけになったに違いない。

今日、伊那谷の学校集団登山が林道が延びて高度を稼げる中御所渓谷から入山しているのも、標高差の大きい桂小場からの入山を避けているのだろう。

生徒らが疲労困憊の極みに陥っているだけに、吹きさらしの壊れた伊那小屋のなかでしのいでいるうちに、犠牲者が出たのも不思議ではない。そして眼の前で犠牲者が出たことが契機となって集団行動が崩れ、大惨事に進展していった。日程的にいえば前夜内ノ萱で一泊してから早朝に取り付くか、途中に小屋があったなら、たとえ暴風雨に見舞われたとしても遭難に結び付くことはなかっただろう。翌年将棊頭山に建てられた西駒山荘は、胸付八丁の樹林帯までものの20分もあれば逃げ込める格好の位置にある。よくよく検討して建てられた貴重な小屋である。

道迷い、滑落、落石、落雷、豪雨、低温、吹雪、獣との遭遇……。山に入って怖いものは様々ある。もっとも恐いのは強風だ。物を吹き飛ばし、バランスを崩すだけではない、体温が奪われることだ。気温が低くなくても体温が奪われ続けると死に至る。近年の事例でいえば8人の犠牲者を出したトムラウシ山の遭難事故（2009年7月）は夏だったが、長時間風雨にさらされ続け、体温が奪われた低体温症によるものだった。

駒ヶ岳まではまだ距離があるように見えたが、馬ノ背の一つ目のコブを越えるとうんと近づく。二つ目のコブを越えるともう目と鼻の先である。駒ヶ根市の東中、続いて隣村の宮田中の生徒たちが下ってきた。昨日の不調はすっかり回復していたが、私たちはのんびり腰を下ろし、昨日と同じ気持ちで彼らをやり過ごした。

山頂にはコースタイムどおり8時に着いた。私たちを歓迎するかのように快晴である。空木岳、南駒もくっきり遠望。そして南アルプスの連山越しに頭を出す富士山にもお目にかかれる。西駒山荘で一緒した茨城の男と私たちだけの静かな山頂をしばし楽しんだ。時間が許せば下山コースは檜尾岳から檜尾根を下る予定だったが、夕刻に予約している高速バスに乗るには時間的に無理である。伊那前岳を越してうどんや峠を下らざるをえない。しかし千畳敷も見ておきたい。今はあまり歩かれていない長谷部新道の通過が可能であればそこをたどってうどんや峠に出ることができる。

宝剣山荘で長谷部新道の様子を尋ねてみると「整備されていませんから、できるだけ行って欲しくはないですね」といわれたが、通過できないこともなさそうである。私の探検心がくすぐられて、千畳敷から長谷部新道をたどり、うどんや峠に出るコースをとることにした。

千畳敷へ下る登山道は前回来たときより随分と整備されている。千畳敷に下ってみると、快晴の空をバックにカールの岩壁が覆い被さるばかりに圧倒してくる。しばし写真タイムに夢中になる。千畳敷は人影なくひっそり静まり返っている。長谷部新道は崩れた所あり、茂った夏草に踏み跡の定かでない所ありで難渋させられたが、なんとか通過（11時30分）。うどんや峠から黒川渓谷に下り、林道をたどって宮田高原に出た（14時30分）。チャーターしたタクシー運転手に紹介された駒ヶ根高原の「こまくさ湯」に浸かり汗を流した。大好きな高橋真梨子の歌が流れる中、湯上がりに飲む地ビールは、下戸の私にも格別のうまさだった。

（山行日　1998年7月22〜23日）

第2話　富士山（3776メートル）

……富士には「月見草が似合う」（太宰治）――この山は何か人にパワーを与えるものがある

富士山ほど古来から詠われ、描かれ、書かれ、そして写真が普及してからはこの山ほど撮られた山はないだろう。太宰治「富嶽百景」は書かれたその一つだ。

富士山の好展望地・御坂峠に近い「天下茶屋」に逗留し創作活動に励んでいた「私」は、創作でも私生活でも行き詰まり魂は落ち込んでいた。ふと目に止めた路端に咲く月見草が、健気に日本一の富士山に対峙しているのを見て、「私」は月見草のように律義に生きて行こうと思いなおす。落ち込んでいた魂が回復するというあら筋だ。富士山は人を前向きにさせる、何かパワーがある。

富士山は江戸時代以来「登らぬ馬鹿　二度登る馬鹿」の謂れがあるほどに眺める山である。ひょんなことから「三度登る大馬鹿」になった。

山に取り憑かれた者が海外の山に目が向くのは自然な流れだ。叶うならばヨーロッパアルプスの数座に登り、台湾の玉山や東南アジア最高峰のキナバル山（ボルネオ島）などの近場の山にも足を伸ばしてみたい。いずれも4000メートルを超えるか、それに近いので高山病にならないか気になる。大概のツアー企画は高度順応しながら登っていくので心配いらないし、高度が高くなると一日の行動時間が短く組まれている。

しかしもっとも登って見たいと思っているマッターホルンは、3200メートルの高所から一気に1200メートル高度を上げ、日帰りピストンするのが一般的な登山スタイルである。むろん登山ガイドを伴ってのことだ。果たしてそんな高所から一気に高度を上げて高山病にならないか気になる。技術や体力はさておき高山病にやられたら元も子もない。

実は若い頃初めて富士山に登った時、八合目の山小屋に前泊し高度順応したにもかかわらず高山病に襲われた。山頂で眠くなりベンチで寝そべっていると猛烈な頭痛に襲われたのだ。眠くなることは高山病の兆しである。眠りは脳の酸素要求量が増大するので高山病の症状をいっそう悪化させる。そんなことは露知らず寝入ってしまったのだ。激しい頭痛に居てもたまらず方々の体で砂走《すなばしり》を駆け降りた。高度を下げるとあれほどの頭痛がケロリと消えた。そういう体験があるだけに、高山病の恐怖は消えない。

ということで国内でもっとも高所から1200メートル以上を一気に高度を上げるところで高山病にならないかチェックしてみたくなった。富士山の富士宮口五合目は標高2400メートル。山頂までの標高差は1400メートル。試してみるには丁度いい。

江戸時代以来富士登山に「登らぬ馬鹿。二度登る馬鹿」という諺がある。「日本一高い富士山に登らないというのも馬鹿げたことだが、単調な富士山に二度登るのも馬鹿げたことだ」というような意味だ。実際、成層火山の富士山は火山礫《れき》が風化した小石や砂地のジグザグ道が延々と続く。登る山としては単調にすぎる。しかも孤高の富士山は対峙するめぼしい山並みがなく、展望に面白みがない。3000メートル級が軒を連ねる南アルプスは遠望すぎるし、近い丹沢はあまりにも低すぎる。富士山は登る対象ではなく眺めるもの——というのが一度ならず二度登った者の感慨だ。ひょんなことから二度ならぬ三度登る「大馬鹿」になった。

前夜闇が落ちても多くの人たちが富士宮口五合目口のお土産店付近にたむろしている。ご来光目当ての夜間登山者たちだ。今回は一気に高度を上げてみるのが目的なので、五合目の「レストハウス」に泊まる。「レストハウス」というのでどんな寝場所かと思いきや、土産物店の片隅に雑魚寝《ざこね》である。

8月19日5時前スタート。風は弱いが肌寒い。長袖にベストを着込んで丁度いい。ひと登りで視界が開け、眼下は一面雲海だ。静岡市方面だろうか早朝からニョキニョキ入道雲が発達。まるで真っ白のヒマラヤ山脈のように見える。陽が射し込み雲海がほんのり紅く染まりだしてきた。よく見ると雲海が東に流れ、御殿場側に滝雲となって落ちている。刻々と変わる雲の表情にしばし見とれる。今頃下界から望むと「今朝は富士山がまったく見えないなあ」と嘆かれているだろうが、雲海より上はさえぎるものがなく快晴だ。

さらに高度を上げると右手にコブが見えてきた。新六合目「雲海荘」に着くとそこから宝永山へ細い登山道が分岐。コブは宝永山だった。宝永山に陽が昇ってきた。快晴の空にまぶしい斜光線が射し込む。雲海の奥に黒っぽいものが見える。目を凝らすと伊豆半島の天城連山だ。雲海が動いて沼津湾も見えてきた。手前の雲海から頭を出してきたのは越前岳だ。

赤茶けた山腹はオンダテ単一の植生。辺り一面どこまでも広がるオンダテのグリーンが逆光に浮かび上がっている。反対側に目を転じると雲海に影富士が落ちている。山頂からはきっと見事な影絵に見えていることだろう。富士山は大きな山塊だから近寄り、登りだしてしまうとその姿を見ることはできない。辛うじて影絵でその姿を見ることができるだけだ。

山道は火山礫が風化した赤茶けた小石や砂地。登り出しはジグザグが切ってあり登りはまあまあ歩きやすい。しかし下りではこの小石や砂地が仇となってよく滑り、二度三度と尻餅を着いた。上方に七合目小屋が見えているがなかなか近づかない。もう引っ切りなしに下山者がやってくる。夜間登山のご来光目当ての登山者だ。小学生らも混じる。子どものうちに日本一高い富士山に登った体験は後々山好きになるかも知れないし、その後の人生を豊かにするだろう。かつて読んだ登山家で探検家だった元国立民俗博物館長の著書の一節をふと思い出した。

ただ、山にうつつをぬかしている少年がいたとしても、まわりのおとなたちには、だまって見まもってほしいのである。山のぼりに精をだすことによって財をなすことはできないだろう。また、いわゆる立身出世はのぞめくもなかろうが、そこには別の人生のたのしみが待っている。(梅棹忠夫/山と渓谷社「山をたのしむ」)

リタイアしている私たちの世代には、「朝起きたら今日は何をしようか。することがない」という人を耳にする。しかしわが人生は名を成すことも財を成すこともなかったが、山という愉しみは尽きないでいる。
ようやく新七合目「御来光山荘」に着いた。もうすっかり足元の雲海は取れて、富士の裾野の大展望だ。富士市や富士宮市の市街地がくっきり見える。高い煙突から白い煙りがまっすぐ上っている。裾野の製紙工場群だ。ぼんやり見えていた沼津湾、伊豆半島の西海岸線もくっきり見える。ということは西海岸からは沼津湾を挟んで富士山がよく見えるということだ。海岸線から4000メートル近い、秀麗な高峰が麓から山頂まで丸ごと望めるというのは世界でも稀なことだろう。

そこで思い起こされるのは、大きな波頭が覆いかぶさるように崩れる波間に木造船が漂い、その奥に小さな尖りの富士山――といえば、葛飾北斎の名所浮世絵揃物「富嶽三十六景」の一つ「神奈川沖浪裏」だ。

この有名な浮世絵は覆いかぶさるような大きな波頭だから、外洋に面した伊豆半島西海岸あたりから描かれたもの――と思われた。しかしそのタイトルは「神奈川沖浪裏」。「神奈川」は東海道五十三次3番目の「神奈川宿」と考えるのが自然である。「神奈川宿」は現在の横浜市神奈川区神奈川本町だから、その沖というのは東京湾。「裏」というのは、神奈川側に対して裏。つまり房総側から望んだものだ。外洋でなく内海でこんな大きな波頭は考えられない。葛飾北斎の想像力によるデフォルメである。遠近法を用いた極限のデフォルメだがリアリティが感じられる。

北斎の同じシリーズに通称「赤富士」と呼ばれている「凱風快晴」がある。富士山をデフォルメして実際よりかなり尖りに描いている。北斎は「神奈川沖浪裏」では波頭を大きくデフォルメし富士山を極端に小さく描き、「凱風快晴」では富士山をデフォルメして尖りに描いている。「富嶽百景」の「私」は「凱風快晴」の富士山に共感する。

北斎にいたっては、頂角、ほとんど三十度くらい、エッフェル鉄塔のような富士をさえ描いている。けれども、実際の富士は、鈍角も鈍角……。

裾のひろがっている割には、低い。あれぐらいの裾を持っている山ならば、少なくとも、もう一・五倍、高くなければならない。

魂が落ち込んでいる「私」は、「赤富士」のように〈もっと尖りで高く、たくましい富士山であったなら「私」の魂に活が入るのだが〉と願っているようにも読める。

富士山はどこから眺めても秀麗である。中でも富士山の好展望台である三ツ峠山に登った時のこと、そこから眺めた富士山は、青木ヶ原樹海方面にこんもり盛り上がる大室山のイレギュラーも、スカイラインを突然いびつにさせる静岡県側の宝永山も隠れ、実に左右の均整が取れ、裾野の斜度が限りなくゼロに近づくまで長く緩く延びていた。その上にどっかり乗っかる富士山は、実に安定感のある美しさだった。

私は思う――富士山はこれ以上高くてもいけない、尖りであってもいけない。

宝永火口がぱっくり口を開いている。江戸時代中期、宝永の噴火は水蒸気爆発だった。溶岩を吹き出す噴火ではなく、地下水がマグマに触れて水蒸気爆発を起こし、堆積した山腹の噴出物を吹き飛ばしたのだ。明治中期の磐梯山の爆発や最近の御岳山の爆発も同じ水蒸気爆発だった。そういう爆発だったから宝永火口は荒々しさがなく滑らかだ。しかし宝永火口ができたことによって、どこから眺めても秀麗な富士山のスカイラインにいびつさができた。最近富士山が巨大地震が起きると山体崩壊する可能性があるというニュースを耳にした。西側の大沢崩れは、富士山の形を変えてしまうのではないかと思われるほどに、ガラガラ音を立てて崩れている。火山の噴出物の堆積によって形成された富士山は崩れやすいのだ。長い目で見ると富士山の秀麗さも徐々に失われていくのだろう。現在の私たちが最も美しい富士山にお目にかかれているのかもしれない。

「富嶽百景」の一節にある「富士には、月見草がよく似合う」が、御坂峠に登る途中にある石碑に刻まれている。何故富士山に月見草が似合うのか、前節を引いておきたい。

老婆も何かしら、私に安心してゐたところがあったのだろう、ぼんやりひとこと、

「おや、月見草。」

そう言って、細い指でもって、路傍の一箇所をゆびさした。さつと、バスは過ぎてゆき、私の目には、いま、ちらとひとめ見た黄金色の月見草の花ひとつ、花弁もあざやかに消えず残つた。

三七七八米の富士の山と、立派に相対峙し、みぢんもゆるがず、なんと言ふのか、金剛力草とでも言ひたいくらゐ、けなげにすつくと立つてゐたあの月見草は、よかつた。富士には、月見草

がよく似合ふ。

月見草はその名の通り、夏の夕方に咲き翌朝には閉じてしまう、はかない花だ。その花が日本一高い富士山に健気に対峙しているではないか。月見草には「私」が投影している。「私」は富士山から元気をもらい、月見草のように健気に生きて行こうと魂を持ち直そうとする。

秀麗かつ安定感のある富士山は人を前向きにさせる何かパワーがある。

「元祖七合目山口山荘」の小屋に着いた。「新七合目小屋」と張り合うネーミングが面白い。高度は3000メートルを超えている。早朝の雲海がすっかり取れ、上昇気流でちぎれ雲が出てきた。天城連山の奥上方に青っぽいものが認められる。目を凝らすと伊豆大島だ。八合目直下から岩場の急登になる。道幅も狭くなり、下山者に阻まれて大渋滞だ。渋滞は夏の富士山では珍しいことではない。とくにツアー登山の列に遭遇するとしばし待たされる。「八合目宿泊所」に着いた。高度は3250メートル。八合目の小屋に泊まって高度順応し、翌朝山頂アタックに備えるのが標準的な富士登山スタイルだ。小屋回りには大勢の登山者が腰を下ろしている。中には小屋壁にもたれて居眠りしている若者もいる。大胆に仰向けに倒れ込んで眠りこけている山ガールもいる。多分ご来光目的の夜間登山だったのだろう。

富士登山というと、目の黒い内に一度は日本一高い山に登っておきたいという、いわゆる「登らぬ馬鹿」の中高年がたくさん登っているように思われる。しかし実際は若者であふれている。山に若者が確かに戻って来ている。「山ガール」「山ボーイ」ルックが多い。最近、若い女性が「山ガール」ファッションへ関心を向けて登山をはじめたという話を耳にした。まず登山があってファッションがあるのではない。その逆である。ともあれきっかけは何でもいい。若者が山に昂じることは喜ばしい。

火山の噴出物スコリアの小石が混じる急登が続く。見上げても見下ろしても登山者が鈴なりだ。富士登山の適期は7月と8月。それ以前は残雪が多く、それ以降は降雪を見るので一般的ではない。年間30万人といわれる登山者がこの2カ月間に集中するのだ。登山道は渋滞が起きる。渋滞の待ち時間が丁度いい塩梅の休憩タイムにもなる。

右手の凹地に万年雪を見ながら高度を上げると九合目「万年雪山荘」(3420メートル)だ。山頂まであとひと登り。急登に息が乱れる。立ち止まり深呼吸につとめる。今回の富士登山の目的は高山病チェックである。事前に調べた高山病の予防策はいくつもあったが、簡単に実行できそうなことは、水分をこまめに取ること、深呼吸を励行することだ。深く呼吸することによって、より多くの空気を取り込み、ひいては酸素の取り込みを増やそうというわけ。そのためにツーストロークで吐気につとめる。深呼吸というと吸気を意識的にやればいいと思われがちだが、最大限吐き出すことが最大限の空気を吸い込むことになる。肺の中に古い空気を残したままでは、新鮮な空気を最大限吸い込むことができない。気功の呼吸法で吐気が強調されているのは道理がある。

山頂までにもう一小屋あった。九合五勺「胸付山荘」(3590メートル)。まさしく山頂直下は胸付き八丁の急登である。5時間半をかけて富士宮口山頂に出た(10時23分)。コースタイムは5〜

6時間といわれているから早くも遅くもない。そんなタイムのことよりこれまでのところ高山病の兆候が出ていないことに万々歳である。高山病対策の一つにゆっくり登るというのがあったが、標準コースタイムで登ったことも予防になったのだろう。

便意をもよおしてきた。何しろ早立ちしてきたので用足しが後回しになったのだ。300円の有料トイレは臭気もなく、洋式便座は快適である。し尿はヘリで下界へ下ろされていると聞く。有料はやむ得ない。こういう受益者負担は理にかなっている。

富士山に山小屋ができたのは多分、富士講が盛んになった江戸時代と思われるが、富士山の山小屋のし尿は長い間垂れ流しだった。分解されない落とし紙で富士山の沢は筋状に白くなっていたといわれる。富士山を世界自然遺産に登録しようという動きは以前からあった。私も秀麗な富士山は世界自然遺産に値する地球の創造物であると思う。しかし登録されなかったのは、し尿処理のなおざりにあった。くわえて国立公園域の東山麓に刻まれた大きなパッチワークの自衛隊の演習場と、そこから発する、耳をつんざく砲撃音も自然遺産登録のマイナス材料になったと思われる。

登ってくる途中新六合目で、5~7月にかけて丹沢や箱根の山を歩いたばかりの東側に見下ろされる山並みを懐かしく見入っていると、突然ボンボンと連続した炸裂音が轟きはじめた。一瞬雷鳴を疑ったが間もなく自衛隊の砲撃演習の音だと思いなおした。富士山の東山麓には広大な自衛隊の演習場があるのだ。その炸裂音は以前越前岳に登った際にも耳にしたが、その時よりはるかに大きい。

「何の音ですか」

居合わせた人から驚きの声が上がった。

「東富士山麓にある自衛隊演習場の砲撃音ですよ。越前岳に登った時にも聞こえて驚きました」

私が説明するとさらにびっくりの様子だ。

国立公園域に軍事施設の演習場があるというのは世界に例をみない。結局富士山の自然遺産登録は見送られ、世界文化遺産に申請しなおしようやく登録された。


お鉢回りをしておきたい。折角登ったのだからということもあるが、３７００メートルの高度を一定時間歩いて高山病の症状が出ないかチェックするのだ。前回は左回りをしたので今回は右回りする。正午が近づき入道雲がニョキニョキ伸び上がって来ている。大きなジグザグを切る砂走り下山道が見える。富士吉田口山頂は人出で一杯だ。1時間余りをかけて剣ヶ峰にに立った（12時14分）。「日本一高所３７７６メートル」の標柱をバックに記念写真を撮るのは長蛇の順番待ちだ。軽い頭痛の兆しは出たがひどいものではない。12時40分下山開始。きつくも緩くもない適度な斜度のジグザグ道を快適に下り続ける。3時間半で富士宮登山口に下山した（16時13分）。目的を達した富士登山だった。

（山行日　２０１２年8月18日）

第3話　馬ノ鞍峰（1178メートル）と山ノ神ノ頭（1099メートル）

……南朝の悲史に彩られた「奥吉野の隠し平」（深田久弥）を訪ねる

深田久弥の紀行文に「奥吉野の隠し平」（朝日新聞社「深田久弥　山の文学全集」）という一文がある。鎌倉時代の末期、皇位の継承をめぐって天皇家に争いが起き、京都を離れた後醍醐天皇が吉野に宮居を置いた。京都の北朝に対して吉野は南朝と呼ばれた。それから南北朝時代と呼ばれる一時代が始まったが、南朝は間もなく衰えてしまう。

「隠し平」というのは、その後裔の自天王が吉野川の奥へ逃れ、その僻地に神璽《しんじ》を擁して60年余も正統を誇ったと言い伝えられるところだ。台高山脈（三重・奈良県境）の奥深い山中である。深田久弥は山友と伊勢側から台高山脈を越えて大和側に下り、「隠し平」を訪ねている。私は「隠し平」を訪ねて馬ノ鞍峰に登り、深田久弥らが山越えをした大和側のキノコ股谷を訪ねて山ノ神ノ頭に登ることにした。

深田久弥は1961年（昭和36年）大台ヶ原山（日出ガ岳）に登るために大和上市からバスに乗って入之波《しおのは》まで入り、そこから歩いて大台ヶ原に向かった。たどったのは大台ヶ原ドライブウェイが開通する以前、大台ヶ原へのメインルートだった筏場道である。ドライブウェイの開通も同じ年のことだから、すでにドライブウェイが開通していたかもしれない。日本百名山の選定と執筆のために全国の名峰を巡っていた深田久弥は、あえて車を利用せず筏場道をたどったと思われる。

深田らが入之波から歩いて本沢川と北俣川が合流する河原で弁当を広げていたとき、同行した案内人から北俣川上流の三之公谷《さんのこ》に戸数2、3軒の八幡平という集落があることを耳にした。入之波が最奥の集落だと思っていた深田久弥はびっくりしたという。しかも大台ヶ原に登った2カ月後、銀行の頭取をしている山友と南アルプスの聖岳に登り、山小屋の囲炉裏を囲んで雑談していた時、その山友が三ノ公谷の地主であることを聞かされて二度驚いた。あの南朝の悲史に彩られた三之公谷が、個人の所有であることは信じがたいことであったが、その山友が三重県で400年近く伝わる旧家の出であることを聞いてあらためて納得したという。

その年の秋になってその山友から山行の誘いが来た。そのプランは、伊勢側の大和谷から台高山脈を越えて大和側のキノコ股谷から三之公谷へ下ろうというものだった。その山越えは、鉄道やバスの便がなかった時代、伊勢参宮のために三之公谷の住人がたどったという昔話があり、それを伝え聞いた山友が永年宿望していたコースだった。

「営林署の人に案内されてその流れに沿う山腹の道を進むと国境の尾根が望まれてきた」——その紀行文には台高山脈を越えた地名は書かれていないが、文脈からいって「地池越」に違いない。深田らはその尾根の鞍部で大和側の三之公谷の八幡平から迎えに出てくれた人たちと首尾よく落ち合うことができ、三之公谷へ向かって下り始めた。伊勢側は伐採中で道もはっきりしていたが、大和側の下りは、原始林の中をたどるあるかなしかの踏み跡程度で、もし案内人がいなかったら、そんな怪しげな道を迷わず行くことは難しかったと記されている。

2軒しかない三之公の八幡平の民家で大「地主」の山友と一緒に歓待を受けた深田らは、翌日地元（八幡平）の青年2人に案内されて「隠し平」を訪ねている。

11月3日、早起きしまだ闇の中を走って三之公林道登山口に着く。6時過ぎにはスタートが切れた。「秋の日のつるべ落とし」といわれる。晩秋の山行はいつにもまして早立ちが必要だ。曇り空。辺りはうっすらガスが漂っている。今日はポツリと落ちてくるかもしれないが大崩れしないはずだ。10台ほど停められる駐車場に他に車はなし。まだ早い時間だからかと思って取り付きを見ると「関係者以外通行禁止」の看板がトラロープに吊されている。他に駐車がないのは通行禁止のためでもあるらしい。台風12号禍の復旧作業中のようだ。折角早起きしてやってきたのだ。しかもひと月前にもやってきて激しい雨降りで断念している。「自己責任」で入山しよう。

明神谷右岸の杉林の中の散策路をたどると間もなく切り口の新しい杉が切り出されている。復旧作業が始まったばかりのようだ。さらに進むと至る所で倒木が散策路を防いでいる。倒木で横切る谷がすっかり埋め尽くされているところが2、3カ所出てくる。倒木や枝を足場に越えていこうとするも、斜面まで2、3メートルほどの空間がある。踏み外せばダメージを受けること請け合いである。ここは面倒だが無理をせず、倒木の先端まで回り込んで通過する。

暑い。タラタラ汗が流れ落ちる。長袖のシャツを脱ぐ。Tシャツに薄手のベストで丁度いい。大阪の最高気温が夏日の予報だった。11月としては異常に高温である。小規模だが散策路がごっそり抜け落ちている所もある。昨年「隠し平」まで散策に来たことがある。そのときすでに散策路は至る所で朽ちかけた階段や桟敷が目立ち、傾いた板橋もあったが、今度の台風禍でさらにひどくなっている様子だ。高巻きの散策路の右手は明神谷に切れ落ちている。倒木の除去だけでなくこの機会に散策路をちゃんと整備しないとハイカーが歩くにはちと危険だろう。

「隠し平」直下の明神滝を高巻く急坂を登り切ると案内板が立つ「隠し平入口」に出る。倒木の回避に手こずったりしてここまでコースタイムの2倍を要した。案内板から道なりに小高い丘の上に出ると、三之公行宮《あんぐう》跡の石碑が建つ。

この辺りは二つの谷が合わせた狭い盆地状の地形だ。南朝の末裔が北朝の追っ手に抵抗して「正統」を誇ったというけれども、この程度の狭い空間では「正統」勢力はたかが知れていたと思われる。散策路はここまで。「当所より30分で稜線」の置き板がある。稜線まで標高差はさほどなさそうだ。

置き板通り30分ほど山腹をからむ踏み跡をたどると枝尾根に出た。そこからはヤセ尾根をたどった。下生えのブッシュがちょっとうるさい程度で問題なく高度を上げる。辺りは植林帯を抜け自然林が支配しているが、紅葉に鮮やかさがなくイマイチだ。今夏も酷暑が続いた。秋になっても冷え込みが続かないことにくわえ、台風12号禍で色づく前に落下してしまったのだろう。樹間から稜線越しに三角錐の山型が見える。果てどのピークだろう？　この辺りで三角錐を見せるピークといえば白髭岳。しかし三角錐のピークの左隣にも鋭角のピークがもたげている。どうも大普賢岳の日本岳のようだ。

左手からの尾根と合わせ馬ノ鞍峰に向かう。台高山脈の主稜線の山並みが近づいてきた。珍しいヒメシャラの幼木の群生に目を細めながら、急登をひと登りで台高山脈の縦走路に合わせた。そこがあっけなく馬ノ鞍峰だった。狭い縦走路の高みに三角点がぽつんと立っているだけの、およそ山頂らしくない山頂だ。たいがいどこのピークにも山頂を示す標示物があるというのに、ここには何一つない。ネットで見た馬ノ鞍峰にはピークを示す吊り板が写っていたが、それも台風12号で吹き飛ばされてしまったようだ。何の標示物もなくていい。その方がほとんど手つかずの、台高山脈の奥深い懐にふさわしい。

ポツリと落ちてきた。激しい崩れになることはないはずだ。風なく暖か。小雨を気にせずお湯を沸かしてランチタイム。食事をとりながらふと「馬ノ鞍峰」という風変わりな山名が気になった。「鞍」の名が付く山は全国各地に多々ある。それらはいずれも山容が馬の鞍に似ていることから付けられているが、この山は見通せる山ではないし、「鞍」に似ているようには思えない。とすれば「馬ノ鞍」とネーミングされているのは、他に根拠がありそうだ。

帰宅してから「奥吉野の隠し平」を再読していて次のような一節に出合った。

私たちはその二ノ滝の上手の谷川へ下りた。谷筋の方が歩き易いというのである。もちろん道はなく、谷川の石の上をあちこち跳び渡ったり、岩壁の裾をトラバースしたりして、山歩きに敏速な二青年のあとを追って行った。やがて谷川は二つに分かれる。右手は馬ノ倉谷と呼び、南朝様の馬ノ倉のあった所だ。

昭文社の「山と高原シリーズ」の地図にもその名が記されている。「倉」は南朝行宮の厩《うまや》を指すのだろう。いつしか「倉」が「鞍」に転化したのではないか。やはり南朝と関わりのある山名だったのだ。かねてから「三之公」という風変わりな地名についても南朝と関わり合いがあるのではないかと推理してきた。

ネットの記事で次のような記事を見つけた。

後亀山天皇の曾孫に当たる尊義王とその子尊秀王（自天王）、忠義王の3人は川上村の山奥に居を構え、最後まで北朝に抵抗したという。当時の村人はこの3人を『三之公（皇）』と呼んで敬い、これが地名になった伝えられる。

やはり推理していたとおり南朝にちなむ地名のようだ。

短いランチタイムの末に下山に取りかかった。ひと下りしてテープの情報がまったくなくなっていることに気がついた。GPSで確かめると登ってきた尾根からほぼ180度近く外れて小尾根に踏み込んでいる。引き返してルートミスを修正したが、同じことがその先で再び起きた。一度ならず二度もルートを外すというのは本当に迷いやすい尾根だ。昭文社「山と高原シリーズ」の地図には馬ノ鞍峰付近に「下山時迷い」が3カ所も記されているほどだ。

何故ルートを外しやすいのだろうか。尾根が分岐している場合、たどるべき尾根の方が急勾配だと、下山の際尾根が尾根として見えない。とくに下り出しが急勾配の尾根の場合はそうだ。一方緩い方だけが尾根として目立つという視覚上の問題があるように思える。

そういうルートミスはあったが、早立ちしたお陰で余裕の時刻に下山できた（14時50分着）。夕刻の下山で慌ただしく帰宅を迫られることもなく入之波温泉で汗を流した。無色透明の源泉は自噴後鉄分が酸化しておどろおどろしい淡黄褐色に変色する。源泉は39度。微温湯《ぬるまゆ》に長湯した。

（山行日　２０１１年11月3日）

深田久弥が伊勢側から大和側に台高山脈を山越えしたところが、地池越であることは馬ノ鞍峰の項で触れた。山ノ神ノ頭より北方へ1時間余り歩いた台高山脈主稜線の鞍部だ。深田らが山越えをし大和側へ下ったキノコ股谷を是非訪ねてみたい。とりあえず三之公～明神川～キノコ股谷～山ノ神ノ頭～三之公の周回コースの計画を立てた。

10日後の11月13日8時30分、三之公登山口をスタート。前回同様トラロープが張られ「通行禁止」の看板が吊されている。今回も「自己責任」で入山。あれから10日たって「隠し平」への散策路の倒木撤去は大分進んだようだ。明神滝への分岐を右に取り明神谷に向かって下り始める。伐採中の杉の木や枝打ちの残骸が踏み跡を塞いでいる。かなり広範囲なので踏み跡を見失ってしまうが、適当に下生えの斜面を下って目を凝らせば踏み跡に復帰。谷に降りて板橋が流出した河床の岩を越えていくとしばらくで右手からの谷に架かる板橋に出た。ここがキノコ股谷への入渓地点だ。

踏み跡はあるようでないような感じでテープの情報はほとんどない。次々現れる巨岩を越えていく。右へ左へ岩を越え、水没を避けながらのルートファインディングは谷歩きの醍醐味だが、今日は山ノ神ノ頭を目指すのが目的。こんな調子がずっと続くようなら時間がかかりすぎるなあと、ちと不安がよぎる。そんなことを考えているうちに徐々に踏み跡が出てきた。谷が狭まりゴルジュの様相になる。行く手を阻まれてルートを探していると左岸に高巻きが見つかった。

そこを越えると見るからに危なっかしい架橋が現れた。組まれた丸太が苔蒸し、しかも斜めに傾いている。左手に手すりが付いているが傾いているので用をなさない。右手にトラロープが張られているものの今にも切れそうな頼りないやつだ。腰を落としておっかなびっくりカニの横バイよろしく慎重に渡り切る。今回は周回コースを予定しており、戻らないからいいものの、ピストンの場合は二度と渡りたくない架橋だ。

架橋を渡り終えると右岸の高巻きが始まった。はっきりした踏み跡が続きピッチが上がる。苔蒸した階段が落ち葉に埋まっている。相当古くから整備されていたようだ。「奥吉野の隠し平」にはキノコ股谷の記述があるので、深田らが伊勢側から地池越を越えてこの谷をたどったことは間違いない。恐らく三之公住民も古来から伊勢参宮に通った道だろうと思われる。こんな怪しげな道をたどり、山越えをしてまでも伊勢神宮に向かわせた信仰の力というものに驚嘆せざるを得ない。

いやいや、かつてお伊勢参りについて物の本で読んだことを思い出した。江戸時代に流行ったお伊勢参りは実際はお参り半分、観光気分半分だったらしい。転居や転職、旅行もままならなかった時代のこと、お伊勢参りといえばかなり自由が許されていた。庶民は伊勢参宮を口実に観光旅行に出かけていたのだ。もっとも情報も少なく交通手段がない時代のこと、個人で行くことは無理。伊勢講に入って先達に伴われてのことである。ともあれ古来から伊勢参宮への峠越えの道がキノコ股谷から通じていたことは確かなようだ。

たんたんとピッチを上げていくと倒木がどっかと登山道を塞いでいる。高巻きをさらに高巻いて突破する。台風12号禍と思えるのは板橋が2、3カ所流失していたのと、この倒木だけだった。水流が豪快に宙に放り出されて落ちる滝が現れた。大障子滝だ。昭文社の「山と高原シリーズ」の地図には上流の二股近くに記されているが、実際はここからちょっと手前にある。記述間違いだろう。滝の左手を高巻き、しばらくたどっていくと、今度は倒木に滑り止めの刻みが入った「倒木道」が現れた。これはネット上でも話題の倒木だ。刻み込んであるとはいうものの滑りやすい。入山者は窮屈でも倒木と斜面の間を踏んでいる。しばらく高巻き道をたどると谷が広がり、谷は河原状になってきた。

奥深い山中にぽっかり空間が広がる二股に出た（10時32分）。二股というのは地名ではなくこの場所を指す私の便宜的な呼び名。幕営にはもってこいの場所である。地池越へは左の谷をたどらなければならない。伊勢参宮の古道は多分そちらに付いていたはずだ。この谷は興味深いが他日を期すことにして、山ノ神ノ頭へ右手の谷をたどった。

その先はまったく踏み跡のないルートだ。しかし谷は穏やか。辺りが源頭の様相を見せてきた。突き出た明瞭な尾根に取り付き1時間余り道なき道をあえぐと小池がある枝尾根に出た。踏み跡が戻った尾根をひと登り急登すると誰一人いない山ノ神ノ頭の山頂だ(12時33分)。何の標識もなかった馬ノ鞍峰とちがってここには2、3種類の山頂を示す標識が吊されている。奥深い台高山脈のど真ん中のピークに立てた喜びがふつふつとこみ上げてくる。キノコ股谷の「二股」から地池越間が宿題として残された。いずれたどってみたい。それに少なくとも2泊3日を要する台高山脈の大縦走ができないものか、あれこれ妄想を巡らせて山頂でしばし憩った。

小1時間もランチタイムを取りやおら三之公に向かって下山。テープの情報を拾いながら下るも落ち葉に埋まった踏み跡は見失いがち。何度かルートを外した馬ノ鞍峰山行を反省し、その都度GPSでチェックしながら慎重に見極めて下る。明神谷の川音が聞こえてくると三之公は近い。15時28分、三之公休憩舎に戻った。


(山行日　2011年11月13日)

吹雪がもたらすサプライズ

第4話　仙人池（2100メートル）・裏剣

……税理士グループ8人が犠牲となった悲劇の翌朝、新雪の八ツ峰がモルゲンロートに染まった

前日の午後から翌朝にかけて立山連峰一帯は吹雪きだった。その朝思わぬ雪景色に喜びながら剣御前小屋に向かって快晴の雷鳥坂を登っていると、下山者から立山三山を縦走していた中高年グループが真砂岳付近で遭難。8人が死亡したと知らされた。それまでの山岳遭難事故が学生や社会人山岳会の若者が中心だったのに対し、中高年の登山ブームを象徴する遭難事故となった。

新雪を蹴散らしながら剣沢を下り、仙人尾根を登り返すと、厄介者の吹雪は八ツ峰の岩峰群にサプライズをもたらした。翌朝、仙人池から望む冠雪の岩峰群はモルゲンロートに染まり、裏剣は絶景の期待を裏切らなかった。

……………………………………

前夜大阪発の夜行直通バスに乗り込み、10月9日朝、室堂に着くと新雪が30センチほど積もり、一面雪景色だ。9時前にスタート。身支度する手がかじかみ震えるほどである。気温マイナス9度。紅葉を愉しみにきた観光客が震え上がっている。台風25号が東方海上に抜けた後に、一時的に西高東低の冬型気圧配置となり、今秋一番の寒気を呼び込んだのだ。昨日は午後から吹雪模様だったという。しかし今朝は早くもその気圧配置が崩れ、帯状高気圧が移動してきて快晴だ。1日足らずで

地獄と天国が入れ替わる。初秋の冬型気圧配置は長続きせず、高気圧がすぐに移動してくる。

雪面が朝陽に映えてキラキラ輝く。空気が澄んでいつもの立山連山より至近に見え、富山平野、日本海、能登半島まで見渡せる。空の青さは海の底から見ているよう。浄土川を渡り、雷鳥沢に取り付く。中腹まで登ると雪に埋もれた小枝に餌をついばむ雷鳥を見かける。近寄っても容易に逃げない。葉の落ちたナナカマドの枝に残る赤い実が新雪に鮮やかだ。

数機のヘリコプターやセスナ機がうようよ飛びかっている。夕刊を飾る新雪の立山の写真を撮りに来ているのだろう。それにしては飛びかう機数が多い。

「空がえらくにぎやかですね」

私は下山者に声をかけた。

「昨日立山三山を縦走していた中高年10人パーティーが真砂岳付近で吹雪で遭難。今朝遺体で発見された」

驚きの出来事を意気込んで話しかけてくる。

「近くに内蔵助山荘があるのにたどり着くことが何故できなかったのだろう?」

「吹雪でホワイトアウトになり、方向を見失ったのだろうか?」

居合わせた人たちから次々疑問の声が出る。

別山乗越の剣御前小屋には12時前に着いた。

「遺体はカチンカチンだった」

遭難者の模様が生々しく語られ、小屋内は遭難事故のことで持ち切りだ。

この遭難事故による死者は8人。中高年の登山ブームを象徴する事故となった。それまでのグループ山岳遭難事故といえば、薬師岳での愛知大学パーティーしかり（1963年1月）、西穂高岳での松本深志高校パーティーしかり（1967年7月）、若者が中心だった。その犠牲者は大学や高校山岳部、社会人山岳部のメンバーだった。この遭難事故から21年後の2009年7月に起きたトムラウシ山遭難事故は8人の犠牲者を出したが、商業登山ツアーの遭難事故である。同行していたガイドの判断ミスと責任が問われる事故だった。立山での税理士らの事故は中高年のグループ登山という点で性格を異にしている。この遭難事故がどうして引き起こされたのか、振り返っておくことは今日的意義がある。

報道をまとめてみると、早朝快晴だったが、室堂を出発する頃には崩れ始め、一ノ越山荘到着時にはすでに吹雪模様になっていたというから、典型的な気象遭難といっていい。立山三山の縦走は天候さえ恵まれれば格別技術がいるコースではない。しかし吹雪に見舞われたら経験者でも危うい。10月初旬頃というのは西高東低の冬型気圧配置が現われ、寒気の吹き出しの第一波が見られる時期である。しかし秋口の寒気の吹き出しは長続きせず一日足らずで過ぎ去り、移動性高気圧に覆われることがほとんどだ。そういう初冬に特有の天候の知識があれば、断念するか一日先延ばしする判断ができただろう。

ゴールデンウィークの頃は、衰えつつあるとはいえ大陸やオーホック海の冷たい気流が流れ込み、強めつつある太平洋の暖かく湿った気団とせめぎ合う。10月の連休の頃はその逆のせめぎ合いが起きる。つまりその頃は汗ばむような陽気であっても防寒の装備が必要ということだ。しかしメンバーのほとんどが軽登山靴、綿のズボン、ビニールの雨具など間に合わせの装備だった一方、救助要請に向かい一命を取り留めた2人は革の登山靴に防水透湿素材の雨具、ウールの手袋などを身につけていた。

グループ登山にありがちな経験のあるリーダーの不在が拍車をかけた。寒気の吹き出しが始まる時期に高峰に登山する装備の指示や決行の有無、吹雪模様となり疲労困憊者が出てきた際、救助要請の判断はリーダーが果たすべき決定的役割である。一ノ越山荘に泊まるか、室堂に引き返すかすべきであったが、それらの判断と決断を欠いた。起きるべくして起きた事故だったといえまいか。そこに中高年登山ブームの落とし穴があった。

剣岳は岩肌にまだらな雪を付けている。積雪期には真っ白になる奥大日岳にもまだ露岩が見える。後立山連峰の峰々も上部は冠雪。気温が上り陽だまりなら手袋なしで昼食の準備ができる。1時間も腰を下ろして出発。剣沢上部は積雪が50～60センチ。新雪を踏み、さくさくと下りやすい。さらに高度を下げると、旧雪渓の上を踏むようになる。新雪が適度なブレーキになり、快調に下る。

突然大きな、そして急勾配の見上げるような平蔵谷に出る（13時50分）。新雪をかぶった雪渓がかなりの勾配で一気に剣岳本峰直下まで突き上げている。高度差にして800メートル。短いが、それだけに勾配のきつい平蔵谷はなかなかの迫力だ。それは岩と雪の殿堂と呼ばれる剣岳にふさわしい。かつて剣岳に登った際、尾根からのぞき込む平蔵谷は真っ逆様に突き落とされるような感覚だった。上部ほど勾配を増すので見下ろす方が見上げるより勾配を感じるものだが、平蔵谷は見上げても突き上げるような斜度だ。その平蔵谷を登ってくる登山者を見かけてびっくりしたものだ。

両サイドの岩壁にへばりつく潅木の紅葉と秋晴の青と新雪の白――三段紅葉が絶妙のカラーバランスだ。仙人池到着の時間を気にしながらじっくり写真におさめる。しかし山から帰って写真を現像すると色彩は期待以上に出ていたが、突き上げるような高度感が全く出ず、がっかりである。仰角の風景は見た目通りに写らないことは何度も経験済みだが、これほどベタッとした感じになるとは思いもよらない。

高度感のある山や谷を撮るにはどうしたらいいのだろうか。山岳写真家・白籏史朗によると、被写体の山に対してその3分の2程度の高さから撮るのがもっとも高度感が出るという。それもあまり離れすぎていると効果が出ない。しかしいつでもそうした地点に立てるわけではない。いや立てない方がほとんどだろう。他に方法がないものか。ちょっと専門的になってしまうが、仰角で撮って高度感を出すには、アオリの機能(もしくはシフトレンズ)があるカメラなら可能だ。通常のカメラは光軸とレンズが直角に交わり、被写体はどの部分も同じ比率で結像する。それに対してアオリ機能があるカメラは、光軸に対してレンズの交わる角度を意図的に直角からずらすことができ、結像を縦に、あるいは横に引き伸ばして高度感や奥行き感を出すことができる。しかし撮影データを容易に加工できるデジタル時代には、あおり機能の出番はない。

さらに高度を下げるとしばらくで長次郎谷出合だ。長次郎谷は平蔵谷よりさらに下った分、高度差が大きくほぼ1000メートル。剣岳を代表する谷だが、入口が狭く途中からカーブしており、平蔵谷のように上部まで見通せない。平蔵谷、長次郎谷とも雪渓を登り、稜線に出ることは可能だと聞く。

新田次郎の小説「剣岳　点の記」は、明治の末期、陸軍参謀本部陸地測量部が北アルプスの立山連峰で行った山岳測量プロジェクトを題材に、日本地図を完成させる山岳測量に取り組んだ男たちを描いたものだ。2006年6月に公開された同名の映画（大村大作監督）では、測量隊が登るスケールの大きな長次郎雪渓が撮られている。長次郎雪渓を詰めて剣の山頂に立ちたくなった。

ガラ場に出、左を高巻くとまもなくひょっこり真砂沢小屋に着く（14時30分）。ここからハシゴ谷乗越を経て内蔵助平に出、黒四ダムに通じている。

いつのまにか雪は少なくなった。南股の沢辺りをうんと飛ばして小1時間で二股に着いた。この辺りで標高1700メートルを切っており、別山乗越から高度差にして1000メートル下ったことになる。二股には鉄製のしっかりした吊橋が掛かっている。吊橋に上がると巨岩がゴロゴロ転がり、樹間から三ノ窓雪渓を垣間見る。剣岳北方稜線が高度を落とした三ノ窓からはじまる雪渓だけに、長次郎雪渓などよりずっと勾配は緩やかである。

ここから仙人池へ登り返す。仙人池新道は低木帯の中の嫌な急登だ。堀割状にえぐられているうえに、木製の階段が朽ち落ち、登りにくい。時々立ち止まり呼吸を整える。今日は寝不足の身体で雷鳥沢を登り、そこから1000メートルを下ったあげくの登り返しで、すでにくたびれている。30

分で眺望が開け、崩れた斜面をしばらくトラバースすると八ッ峰の岩壁が迫ってきた。黒部側に鹿島槍が見え始め、五竜、唐松、白馬三山も次々頭を出す。このあたりの風景は聞きしに勝る日本離れしたものだ。右に仙人池ヒュッテが見え出し、池の平からの道と合わせ、右に下るとヒュッテに着いた(17時30分)。

あらためて八ッ峰の岩峰群を見ると、立山や剣沢側、あるいは後立山連峰から見る剣岳とは想像もできない風景である。写真で見るイタリアアルプスのドロミテ山群のようだ。どうしてこのような岩峰群に見えるのか、地形を頭の中で整理してみる。八ッ峰は長次郎雪渓と三ノ窓雪渓に挟まれた岩尾根であり、それを真横から見ていることになる。だいたい何故剣岳本峰が見えないのか疑問がわく。仙人池の高度が2000メートルそこそこでかなり低いため、八ッ峰、チンネなどの岩峰群に隠れてしまうのだとわかる。

ヒュッテはこぢんまりした小屋だ。ほぼ満員の登山客。有難いことに風呂のサービスがあり、汗を流す。環境の保全のため石けんの使用は禁じられていた。

10日、予想違わず今日も快晴。まだ薄暗い5時30分すぎ、仙人池前に立ち、シャッターチャンスを待つ。仙人池前は三脚の放列がしかれ、場所の確保もままならないほどだ。新雪をいただいた八ッ峰とチンネやニードルが朝陽に映えて徐々にピンクに染まり出した。仙人池にも八ッ峰が映し出される。小さく浅い仙人池の水は、実際は汚れているのだが、池にはまだ光が当たらず、格好の鏡の役目を果たしている。浮き島にはうっすら雪が付く。

「こんなチャンスは滅多にない」

池の前に並んだカメラマンたちから感嘆の声が漏れる。神々しいとはこのような光景をいうのだろう。

しかしこの光景を神々しいとしか表現できない貧しさ、言葉のもどかしさを感じるときはない。詩人は、歌人は、文学者はどんな言葉を紡いで表現するのだろうか。かつて井上ひさしは「言語で完全に表現することはどんな天才にもできやしない」「できることはせいぜい比喩である」といった（「自家製　文章読本」）。しかし凡人には確かな比喩の言葉すら見つけ出すことができない。

陽が上がり、その神々しさが刻々と打ち破られていく。帰宅して早速現像に回したところ、期待違わず手前の仙人池のシャドー部が青黒く落ち、新雪の八ツ峰が朝焼けに輝く写真を手にすることができた。

6時過ぎ早立ちし、凍結した仙人谷の急坂を慎重に下り、仙人湯へ下った（7時50分）。仙人湯から五竜、唐松、白馬三山の眺望がいい。まだ先は長い。露天風呂に入りたいのを我慢。

積雪期には取り壊わされるプレハブ小屋の阿曽原温泉へ出（10時30分）、少し登り返すと長い水平道に入る。黒部川を見下ろす絶壁に「コ」の字型にくりぬいた水平道を、リュックが岩に触れないように、つまずかないように慎重に歩く。欅《けやき》平の駅舎が見え出したが、水平道は深い谷に忠実に入り込みなかなか近づかない。志合谷のトンネルは真っ暗闇。トンネル内は水没していた。雪崩を避けるために谷の堆積物の下を掘ったのだろうが、素堀のトンネルは水が漏れるままである。ヘッドランプを付けて手探りで抜ける。奥鐘山の絶壁を過ぎ、ひと下りするとまもなく観光客で賑う欅平に着いた(15時55分)。

全くピークを踏まない山行だったが、八ッ峰岩峰群は期待を裏切らなかった。まだ訪れたことのないヨーロッパアルプスは、このような規模の大きな山群が広がっているのだろうと想像をたくましくした。

「これまで登った山で一番良かった山は?」

と問われたら、私は日本離れした仙人池・裏剣と答えることにしている。

(山行日　1989年10月9〜10日)

第5話　天狗岳（2646メートル）

……吹雪は時として人を迷わせ、死を招く厄介者だが、サプライズをもたらすのも吹雪

八ヶ岳連峰は厳冬期でも比較的積雪が少なく、俗に「小屋ヶ岳」といわれるほどに営業小屋があり、一定の冬山経験を積めば3000メートル級の冬山を愉しめる。中でも北八の天狗岳はエスケープルートがたくさんあり容易に取り付ける。西側には渋の湯や唐沢鉱泉、東側には本沢温泉があって下山後の入浴も魅力だ。

ピタラスロープウェイで入山し、吹雪模様を突いて縞枯山を経て麦草ヒュッテへ。翌朝茶臼山の裾野がモルゲンロートに染まり、モンスター群に恵まれた。吹雪は人を迷わせ、時として死に追い込むやっかいなものだが、サプライズをもたらすのも吹雪である。

脱衣室につららが下がる本沢温泉の外湯で裸になるには一大勇猛心が必要だった。

1月3日、ピタラスロープウェイを降りると、猛烈な吹雪が待ち受けていた。すでに新雪がかなり積もっている。登山者はゴンドラからはき出された乗客の1割もいただろうか。スキーヤーがゲレンデに飛びだした後に、1人取り残されて思案していると下山グループが現れた。彼らに雨池峠へのコースを念入りに訊ねる。

吹雪になることは織り込み済みで、今宵の宿泊予定地も2時間半も歩けばたどり着く麦草ヒュッテに決めている。

10時過ぎ、濃いガスと横殴りの雪が激しく吹き付ける中を歩き出すと、みるみる身体が冷えてくる。ゴンドラの箱のなかのアナウンスは「山頂駅の気温マイナス12度」と告げていた。山頂駅の喧騒を抜け、狭い谷間の踏み跡をたどると風は幾分弱まった。「木道は一列で歩いて下さい」――所々指導標が頭を出している。雪の下は遊歩道の木道らしい。時折雪が舞上がり、針葉樹がゴーゴーと気味悪くうなる。トレースが鮮明とはいえ、吹雪の中はじめての山域を歩くのは、正直いって不安がつきまとう。スキー板をつけて歩く親子連れとすれ違ってほっとしたが、荒天は彼らを押し黙らせている。

ガスの中に三角屋根構造の縞枯山荘が忽然と現れた。15分ほどしか歩いていなかったが、妙に気疲れを感じて、あっさり山荘にしけ込むことにした。雪の北八を彷徨し、堪能することが今回山行の目的である。コースタイムに追い立てられ、ピークハントをすることではない。時間は十分あると言い聞かせて。

二重ドアを入ると、寒気の遮断された室内は、ストーブの熱気が溢れている。かつて小屋に入っても寒々とした思いが何度もあるだけに嬉しい限りだ。のんびりコーヒーを飲みながら、ストーブを囲む登山者の会話に聞き入る。二重窓の外は依然雪が吹き荒れている。

「明日は回復しそうですか」

「寒気が入っていますからね。明日も残るかも……」

訊ねられたアルバイトらしい若い従業員からも、確たる返事が返ってこない。奥には炬燵《こたつ》があり、図書棚もあってこぎれいである。テレマークの講習を知らせる手書きのポスターが貼られ、スキー板が整然と並ぶ。登山者と森の雪に戯れるテレマーカーに長年親しまれてきた歴史を感じさせる山荘だ。山小屋がマスプロ化している今日、こぢんまりとアットホームなのがいい。大いにこの山荘が気に入った。何時の日にかこの山荘にとどまってテレマークに興じてみるのも面白いかもしれない。アルペンスキーも山スキーも魅力ではあるが体力がいる。テレマークは装備が軽量なのがいい。体力が落ちてもいつまでも雪と戯れていたいものだ。

軽食の昼食までとり、小1時間もとどまって山荘を離れた。針葉樹の切り開きをたどって行くも、縞枯山への分岐となる雨池峠は現れず、下りにかかりさらに急降下しはじめた。ガスが切れて雨池方面のなだらかな樹海が見えだし、振り返ると雨池山と縞枯山との鞍部が見えだしている。分岐の峠を見落としたことは間違いない。

縞枯山荘を出てあれほど分岐を注意していたのに、何故見落としたか。確かに分岐の道標はエビの尻尾がついて道標らしく見えなかったし、文字も読み取りにくい。しかし右手に伸びる明確な踏跡があったはずである。地図の印象からいえば5、6分ほど歩いた先という思い込みが、山荘からほんの目と鼻の先にあった分岐を見落とさせたのだろう。目は向けてはいても、先入観は注意力を曇らせた。

縞枯山へはよく踏まれた一本調子の登りである。シラビソが密になった深い樹林のなかでは、先程までの吹雪が嘘のようにそよともしない。

「ギュッ、ギュッ」

小気味よく新雪をきしらせて、ひと登りで縞枯山（2403メートル）の山頂に出た（12時56分）。山頂は樹林に覆われてはいても、さすがに風がうなり、雪が横なぐりに吹きつけてくる。温くなった身体がたちまち冷え込む。しかし樹林にはばまれた季節風は、さほど強いものではない。

「北横岳には人が入っていますか」

狭い山頂に1人腰を下ろしていた若者から訊かれる。吹雪の中とあってトレースがあるかどうか、彼も心細いのだろう。好天が見込まれたら竜源橋から入山して北横岳をたどる計画だったが、吹雪かれるのを敬遠してピタラスロープウェイ山頂駅から入山した私には答えられなかった。

隣のピークの茶臼山へは雪のプロムナードをたどる。吐息が眼鏡を曇らせ、たちまち凍り付く。手袋で拭ってもとれず、視界を奪われて閉口する。縞枯れで有名な斜面に出た。枯れた立木が縞模様をなしている。まだ若いシラビソが枯れている。枯れた立木に混じって低木のシラビソが育っている。縞枯れには植性の輪廻が感じられる。

茶臼山から下る途中からガスが切れて、眼下に大樹海が広がった。その樹海のなかにぽつんと赤い屋根が認められる。今宵の宿となる麦草ヒュッテだ。高度を落とすとシラビソの低木が巨木となり、森のトンネルを歩く。小中場という小高い岩場からは、もうすでにガスが高まっていて視界が広がっていた。ひょっこり峠越えの国道に出ると、そこが麦草ヒュッテだ（14時30分）。

200人ほど収容できるという大型のヒュッテは、宿泊客が30人ばかり。個室の客が大半で、50人は入ろうかという大きな相部屋は10人にも満たない。炬燵を囲んで山談義をはずませたのは、おばさん2人に若い女性の3人グループ。そのリーダーはここ6年来2日~4日を麦草ヒュッテに陣取り、北八を徘徊して冬山を楽しんでいるという。何故というに、正月も2日も過ぎれば年末年始の混雑を避けられるし、厳冬期に吹雪かれても北八なら安全だからだと。かつてはそれでも満員になったこともあるというのに、年毎に登山者が目立って減ってきているという。彼女らは麦草ヒュッテの定点観察をやってきたのだ。バブルがはじけ、不況の影響は登山にも影響しているのだろうか。山好きにとっては気になる動向ではある。

その彼女らは、今日吹雪を突いて北八の最高峰・天狗岳(2645メートル)に登ってきたという。私も明日天候に恵まれたら天狗岳は是非越したいが、森林限界を超える岩稜だから、荒れたら天狗越えは避けるつもりである。

「雪が横殴りに吹き付け、頬が痛かった。まつげが(まゆげではない)凍り付いてぽろりと取れそうだった。取れたら週明けから出勤できない」

今回初めてそのグループに加わったというその若い女性が、真剣に心配したという。まゆげだったらアイラインを引けばよいが、つけまつげも流行っているとはいえ、すぐにはつけられない。そこまで心配しなければならない女性の登山に私は同情した。

4日朝、朝食をとっていると、昨日下ってきた茶臼山の裾野がモルゲンロートに染まった。新雪のピンクが微妙に色彩を変えていく。上部はまだガスが絡みついていたが、吹雪は止み風も弱そう。天候の回復は明白である。8時すぎ、念入りにアイゼンを装着し、麦草ヒュッテの満足を後にした。ヒュッテは空いていたばかりでない。暖かく、乾いたふとんと毛布、食事の内容もまあまあのもので、料金も低く抑えられていた。「小屋ヶ岳」といわれるほどに小屋の多い八ヶ岳のこと、競争原理も働いて営業努力も払われているのだろう。

今日は白駒池周辺を彷徨して、天候に問題がなければ天狗岳を越えて、本沢温泉へ下る予定だ。天候が回復しなければ、黒百合ヒュッテにしけ込むのもよし、渋の湯側に逃げてもよし。計画はあくまでもフレシキブルである。ガスが高くかかっているものの、幸い青空が広がっている。うっそうとしたシラビソの森の中を歩くと、きらきら光るダイヤモンドダストが木漏れ陽の斜光線に舞う。気温はマイナス10度以下に下がっているはずだ。40分ほど歩くと、うっそうとした原生林が湖面まで迫る深閑とした白駒池に出た。大きいというわけでも小さいというわけでもなく、こぢんまりした池らしい白駒池は全面凍結。水汲みにきた青苔山荘の従業員が穴を掘る。前回掘った穴は凍結。そこを30センチはありそうな氷をこじ開けようとつるはし風の鉄棒をふるったが、なかなか水面にありつけそうにもない。テレマーカーがのんびりと池の中を行く。板を付けなくとも氷が割れる心配は全くない。

高見石へ樹林帯の中の緩い雪道を小1時間登る。昨日と打って変わって風音もなく森閑。新雪にアイゼンが食い込む音が森に響く静けさだ。

「ギ、ギ、ギッ」

時折雪の重みが木々をきしらせる。高見石小屋のテラスで湯を沸かしコーヒータイム。コースタイムにとらわれない余裕がなせるわざである。気化熱を奪われたボンベはたちまちテーブルに凍り付き、蹴飛ばさなくては離れない。それでも陽だまりにいると気温も上がってきた。小屋裏の巨岩を踏み越え、展望台に立って来し方の展望を愉しむ。縞枯山や蓼科山もくっきり見える。確かにそういうピークも見えるが、北八は山岳というより森の高地である。眼下にまろやかな白い樹林のベールが広がる。その背後にひときわ白く、大きな山体は浅間山だ。志賀高原、北アルプスも遠望。右手眼下には、先ほど立ち寄ってきた白駒池が樹海のなかにぽっかり弧を描いている。

高度を上げるとそれまで巨木だった針葉樹が背を低め、立ち枯れも目立つようになると中山(2496メートル)だ。樹間からぴょこんと突き出た天狗岳がはじめて姿を見せる。ひと歩きするとその先で樹林が切れ大展望が広がった。地図に記された「展望台」に出たのだ。見下ろす樹海は白く染められ、目の前の針葉樹はモンスターの群。雪原にはシュカブラ。吹雪かれて形あるすべてのものが10センチほどの樹氷をのばす。ガスもすっかりとれ、快晴。もちろん北アルプスの峰々や乗鞍岳や御岳まで遠望がきく。リュックを放り出して、ついつい写真タイムに熱中になってしまう。気温が上がったとはいえ厳冬の稜線のこと、指先は感覚を失い、カメラ操作ももどかしい。寒気の吹き出しがなかった一昨日までなら、この絶景にお目にかかることはできなかったはずだ。昨日の吹雪のおかげである。

吹雪は人を迷わせ、時として死に追い込むやっかいなものだが、ドラマを演出するのも吹雪である。うっそうとした樹海からいきなり飛び出したことが、その演出効果をいっそう高めた。逆方向から歩いてきたら、このドラマの感動は大幅に減じたことだろう。

間近に迫った真っ白の天狗岳を見て、迷いなくこの岩峰を越えることにした。再び突入した樹林帯をくぐり抜けると、佐久側が開け、黒々しい奥秩父の山塊が目に入る。奥秩父の山は2500メートル級の高度があるにもかかわらず、季節風の影響を直接受けることがない分、雪が少なく黒々しいのだ。中山峠へ急降下を始めると、目と鼻の先に迫った大きな天狗岳の西と東の2峰の大展望を得た。ヒュッテのある黒百合平への道を分ける中山峠で軽く昼食をとり、13時前天狗岳の登りにかかる。森林限界を超える雪付きの岩稜である。アイゼンがガリガリ岩稜にあたり、食い込みが足らない足場に3点確保の注意を払う。ピーク手前のいやらしい岩峰を慎重に巻いて、14時東天狗岳の山頂に立った。

天狗岳は360度の好展望。すぐ目の前に対峙するのは三角点のある西天狗岳。こちらの方が若干高い。大きな南アルプスの山塊はシルエット。それをバックに見覚えのある硫黄岳、その背後に懐かしい三角錐の赤岳、いびつな傾きの阿弥陀岳を見納める。もう10数年前厳冬の赤岳に登ったことが懐しい。通常、夏沢峠を境に針葉樹の高原に小池が散在する北八と岩稜のアルペンチックな南八に分けられるが、北八に属する天狗岳は南八の雰囲気をもつ。北八と南八に分けるのは、人間様の便宜的な分類にすぎない。

天狗岳から下る途中から、佐久側の谷間を埋める樹間にひっそりと佇む本沢温泉の屋根が認められる。鞍部に降り立つとエビの尻尾が付いた道標が、本沢温泉へ直接下るルートを導いている。夏沢峠を経て本沢温泉に向かうのは、丁度三角形の2辺を歩くことになり、1辺ですむこのルートは魅力ではある。しかし深田久弥が若い頃、仲間3人と急な雪の斜面を下山中、殿《しんがり》のメンバーが滑落。命を落としたルートだ（「山に逝ける」／朝日新聞社「深田久弥　山の文学全集」）。そのことを知っているだけに悪魔の誘惑を思い止まった。

岩礫の広い尾根は、吹き飛ばされてほとんど雪はつかず、地肌がむき出しである。広い鞍部の端にぽつんと建つのは根石山荘。たなびく煙突の煙は営業中の証である。天狗岳を越えて一服したい気持ちだったが、端まで行くのが億劫になり立ち寄ることもない。この先の夏沢峠の小屋も営業中だったから、北八の小屋はほとんど営業していたことになる。これだけ営業小屋があれば厳冬期の八ヶ岳は入山しやすい。

箕冠山へほんの少し登り返すと、再び樹林帯に突入し積雪が増した。樹林が風を止め、雪を落とすことがよくわかる。オーレン小屋への分岐を夏沢峠に道をとり、再び戻った雪景色を愉しみながら緩やかに峠へ下る。硫黄岳の爆裂火口壁が大きく迫ると夏沢峠だ。峠のやまびこ山荘で小海線までの道の様子や時間などを聞いて下りにかかった。よく踏まれたジグザグの雪道にクッションをつけ、快適に下る。おもしろいことに石楠花《しゃくなげ》の葉という葉が、筒状に丸めて垂れ下がっている。枯死しているのではないことは、葉の鮮やかな濃緑色が示している。厳冬期を省エネルギーで生き延びる石楠花の知恵だろう。

後日、目にした明治の登山家・小島烏水《うすい》の紀行文にも厳冬期を生き抜く石楠花の様が描写されていた。

……冬の雪中登山をすると、この石楠花の生態は特におもしろい。それはたぶん水平に開き切っている葉が、裏に方に上向き、両側から中央の葉の軸を中心として巻き込んで来て、二本の管を並べたようになって、ダラリと下に垂れている、出来るだけ寒冷の空気や、水に触れる場面を少なくしようとして肩を窄め、襟を掻き合わせて、頭垂れているさまがある。（「八ヶ岳の黒百合」／博品社「日本の名山12」）

露天風呂の案内が立ち、硫黄の臭いがプンと立ちこめてくると本沢温泉は近い。適当にジグザグ道をショートカットして真っ直ぐ下り、30分余りで山峡の温泉に着いた（16時着）。

実は温泉に入りたくてここまで足をのばしてきたのだ。女性たちが上がるのを待って、早速夕食前に温泉に浸かりに行く。内湯と思いきや外湯とのことで、すっかり陽の落ちた闇を突いて凍てついた雪道を分け入ると、裸電球の薄明かりがともる温泉小屋はあった。形ばかりの1枚ドアを開け入ると、飯場のような脱衣所は、湯気さえ凍り付いている。裸になるには一大勇猛心が必要だ。大急ぎで湯船に飛び込むと、さすが60度の源泉は身体の芯まで温めた。

本沢温泉はどのガイドブックにも高所としては第2位と解説されているのに、宿には白馬鑓温泉を上回る日本最高所（2100メートル）の秘湯であると紹介されている。車の入る稲子湯からでも3時間の徒歩を要する山峡の湯である。車も入らぬ奥深い温泉としてはなかなか立派な施設だ。創業が明治15年とのこと。100年を超える年月がここまで温泉を育て上げてきたのだ。高度では2位でもいいではないか。客は10人余りで今宵も空いていた。

5日早立ち。空はまだ持ちこたえていて快晴。

「林道は単調ですよ」

夏沢峠の小屋の従業員は、稲子湯へたどる山道を勧めてくれたが、そこから車利用となるのを快しとせず、林道をたどってJR小海線の海尻駅まで歩き通すことにした。雪を蹴散らしながら林道を急ぎ、第1ゲートをすぎると天狗岳の好展望台に出た。快晴の空に真っ白の天狗岳が峻立。第2ゲートを出て稲子小屋までは歩きにくい荒れた道だったが、初めて訪れる山麓の冬景色は、一本調子の林道歩きを飽きさせはしない。稲子牧場入口手前ですっかり雪もなくなり、海尻駅までの3時間半は長丁場を感じさせなかった。

小1時間ほど列車を待つ間、「海尻」という山中の風変わりな駅名の由来を考えた。八ヶ岳の広い裾野を海になぞらえ、裾野が千曲川に果てるところを「海尻」と名付けたのだろう。海は何も水でなくていい。樹海ともいうではないか。

厳冬でも手軽に入れる北八は、喧噪を恐れていたのだったが、思いのほか人影が少なく、静かな冬山だ。小淵沢に向かう列車に乗り込むと、本沢温泉で一緒だった若者グループがいるではないか。彼らは稲子湯に下り、温泉のマイクロバスで松原湖駅に出たのだった。直接海尻駅まで歩いたことを話すと彼らは「健脚ですね」と驚きの風である。車窓から南八の勇姿を眺めていると、南アルプスの雄・白無垢の北岳が甲斐駒ヶ岳の稜線越しに顔をのぞかせ、摩利支天の岩峰が目立つ甲斐駒ガ岳がぐんぐん大きくなってきた。

（山行日　1997年1月3〜5日）

古き峠を越える

第6話　木ノ芽峠（628メートル）

……幕末の大騒動「天狗党の乱」終焉《しゅうえん》の地から「越国」の守りを越える

木ノ芽峠は福井県の越前（嶺北）と若狭（嶺南）の分水嶺をなす古くからの峠で、敦賀湾沿いに国道8号線が拓かれるまで人馬の幹線だった。

大化の改新以前、この分水嶺から山形県庄内地方まで以北は「高志国《こしのくに》」と呼ばれ、古代人にとっては遠国、未開の地だった。8世紀以降「越国《こしのくに》」と書かれた。その後細分化されて京の都からみて越前、越中、越後の名が生まれた。

木ノ芽峠の敦賀側の登り口・新保は尊王攘夷の過激派・天狗党が江戸幕府軍に投降した終焉の地でもある。福井育ちの私は是非越えたい峠だった。

峠の茶屋はいわゆる湯茶を提供する茶屋ではなく、意外にも大名接待と関所の機能を持つ「茶屋番」だった。

12月7日、敦賀駅前発新保行きJRバス始発に乗るために早朝にバス停に立つ。乗客は私1人のみ。敦賀は三方が山に囲まれ、あとの一方は海に囲まれた小さな街である。その市街地を抜けるとすぐ山間に入る。北陸自動車道に沿って20分ほどバスに揺られると新保の集落に着く。新保は分水嶺の低い稜線に囲まれた小盆地にある。南側斜面に広がる戸数は100戸ほどだろうか。木ノ芽峠まで1時間余りというコースタイムからも稜線の高度が知れる。登り坂になった旧道をたどり、集落に入ると赤い実がたわわに残る柿の木、干し大根が軒を連ねる家並みが冬支度を告げている。どの家にも小粒の赤い実をつけ、庇に届くほどに叢生した南天が目立つ。南天は幸を呼ぶという縁起物である。習わしを大事にする村人の心づかいが伝わってくる。ひと歩きで舗装が途切れて集落を出てしまい、ガイドブックに紹介されていた天狗党陣屋跡を見逃したことに気づく。

天狗党の乱のことは、幕末の事件とあって興味がそそられた。引き返すと、解説板が立つ陣屋跡はすぐにわかった。

水戸烈士の首領武田耕雲斎の宿陣で元治元年（1864年）12月11日、勤王の志士達820余人を率いて新保に宿営し、この陣屋に耕雲斎が起居したもので、幕府の攻勢は益々激甚をきわめ、四面包囲のなかにあって、降雪の猛威に悩まされ、進退ことにきわまり烈士の気勢ついにくじかれた。そのためにこの本陣でいくたびか審議の後、加賀藩の軍門に降りたのである。（敦賀市教育委員会）

辞世の句だろうか、「片敷きて寝る鎧の袖の上に思ひぞつもる越の白雪」と書き添えられている。

当時新保の村は、天狗党の出現に降ってわいたような大騒ぎになったことだろう。

天狗党は尊皇攘夷運動の急進的一派で幕府追討軍に投降し、首領の武田耕雲斎他二百数十名が当地で斬首された。「酸鼻の極はその罪一族におよび、武田の妻には夫の首を抱かせて斬り、3歳の幼児までも刺し殺し」（印牧邦雄『福井県の歴史』山川出版社）、江戸幕府の天狗党に対する制裁は苛酷を極めた。

武田耕雲斎らは筑波山で蜂起し、京都に常駐していた将軍一橋慶喜に恃んで攘夷を迫るため、千人近い軍勢で中山道をたどり上洛めざした。しかし幕府の追討軍に阻まれ、雪深い奥美濃の山を越えて越前国にたどりついたのだった。中山道の木曽谷を通過した際の模様は、島崎藤村『夜明け前』に描写されている。描写がリアリティに満ちているのは、木曾馬籠宿で17代続いた本陣・庄屋を務めていた藤村の父（小説では青山半蔵）から語り継がれたことが小説に生かされているのだろう。

だいたい封建制の武家社会の確立につれて、天皇家は歴史の表舞台から引きずり下ろされ、一般民衆はおそらく数百年間天皇の存在も名前も知らなかったかもしれない。それが水戸学によって尊王が鼓吹されるようになり、攘夷の排外思想が結びついて尊皇攘夷が倒幕運動のスローガンとなり、数百年ぶりに天皇家にスポットが当たることになった。

もっとも天狗党は尊王攘夷の「過激派」ではあったが倒幕派ではなかった。しかし江戸幕府は倒れ新政府が発足し、天皇家が復活した。その天皇は数十年を待たずして神格化され、絶対主義的天皇制は国民弾圧と対外侵略のイデオロギーに転化していった。行き詰まった幕藩体制の転換を王政復古にしか見い出し得なかったところに歴史的限界があった。その後の天皇制の役割を思慮すれば、歴史の進展が一直線には進まずジグザグが避けられないとしても、尊皇攘夷に血道をあげた下級武士が落とした命をむなしく思う。

「天狗党の乱」は犠牲者数百人にのぼる幕末の大事件だったのに、歴史教科書に取り上げられることはほとんどない。何故だろう。

集落を抜け、林道を右に分ける分岐に出る。左手の山道が峠への道である。ここにも「古道『木ノ芽越え』について」の解説板が立つ。


ここからの旧道は、むかし木ノ芽越と呼ばれ、新保村から二ツ屋へ越えた古道で、西江州と南越前を結ぶ北陸街道中の最も険阻な峠路であった。2キロ上の木ノ芽峠（標高628メートル、木目芽峠、木辺山とも書いた）は、現在は福井県を嶺南と嶺北に分ける分水嶺となっている。（敦賀教育委員会）

幅のある地道で峠道らしくなる。枝下ろしされたものだろうか、道いっぱいに敷かれたような杉の葉を踏む。うっそうとした杉林をたどると崩れかけた石垣が何カ所も見られる。街道として栄えた頃にはこの辺りに茶屋や宿所、民家が軒を連ねていたのだろう。苔蒸した石垣に当時の暮らしの息遣いが伝わってくる。樹相が雑木林に変わってくると、道は細まり山道らしくなる。つづら道になって残雪が現れた。月初めに寒気が吹き出した時積もったものだろう。沢の右側に渡って斜面の道はいよいよ狭まり、往時の街道の面影はまったくなくなる。100年の年月は栄えた街道をも変えてしまった。

ジグザグの急登が峠に近いことを教える。初老の男が井戸回りを手入れ中である。普段着の出で立ちだから通りがかりの人ではなく、峠の茶屋の主にちがいない。

「茶屋の人ですか」

「昨日まで20センチほどの雪があったが、南風が吹いてすっかり消えた」

彼は目でうなずき異常に暖かい気候に触れた。昨日も今朝も12月にしては異常な暖かさだった。この辺りは標高は低いものの、大陸からの冬の季節風が直接突き付ける豪雪地帯のことである。月初めの寒気の吹き出しでかなりの積雪があったはずだが、この陽気で雪は消えたのだ。軽登山靴できた私には幸いした。

「雪が降ってやっと静かになりました」

何のことか、意を解しかねていると、彼は誤解を説く口調で語り始めた。

「木ノ芽峠がマスコミに取り上げられるようになってから、夏、秋にはわんさと観光客やハイカーが押し寄せてきた。峠の一軒屋がいわゆる茶屋であるかのように誤り伝えられて、飲食や土産物を求めにくることに閉口している。当家は旅人に湯茶を接待する茶屋でなくて、代々峠を越える大名に湯茶を接待する『茶屋番』である。今日に至るも一般の湯茶のサービスなどはしていない」

「コーヒーはありますか」と、のど元まで出かかっていた私はかろうじて思いとどまった。

京阪神から離れた木ノ芽峠を紹介しているガイドブックはそう多くはないが、茶屋と「茶屋番」を区別するような記述はない。それらは決まって「石畳が残る峠道」と紹介され、添えられている写真は峠に立つ2本の松と茅葺きの一軒家。そういう紹介だから老夫婦が茶屋を切り盛りしている峠の風情を浮かべるのも無理はない。

「もっとも先代まで『茶屋番』についてちゃんと説明することをやってこなかったから茶屋と間違われても仕方がないが。この前も取材にきたNHKの若いキャスターに茶屋でなく『茶屋番』であることを説明したが、番組では触れられなかった」

彼は報道ぶりに不満をあらわにした。

彼は「茶屋番」の歴史を語り始めた。私は鉢伏山に登る時間を気にしながら聞き入った。

「『茶屋番』は、越前藩の南の護りの任を持って関所的な機能も兼ねてきた。その『茶屋番』が代々530年間続いている。当家はさらにさかのぼると足利氏八代義政の客分だったが、戦国大名の朝倉義景に破れて落城し、以来閑居して『茶屋番』を勤めてきた。先代が数年前に亡くなり、勤めを辞めて家を継いだ」

それにしても彼はどうやって生活をささえているのだろう。

「失礼ですが、収入は何で得ているのですか」

基本的には無収入だという。代々は越前藩からの「茶屋番」としての手当てがあったが、明治以降はそれもなくなり、辺りの農耕で生計を立ててきたようだ。

「僕はあと3年ほどで年金は入りますが……」

彼は余裕の顔をみせた。他に高圧線が通っているから関電の巡視員としての手当てや、今庄側にスキー場ができてその賃料などの収入が若干あるという。この山域の大地主でもあるのだろう。それにしても家里離れた峠の一軒家である。それなりの積雪もある不便な地に、父を失い何代も続いてきた「家」を継ぐために戻ってきた。彼は数百年も続いた旧家の「当主」なのだ。

「一軒屋」の前に立って雨にうっすら濡れる石畳を前景に歴史を感じさせる茅葺きの「一軒屋」を撮る。扉は閉ざされており、「一軒屋」の前に湯茶を接待するようなテーブルの類も看板もない。扉にはいわゆる「茶屋」ではないこと、希望があれば代々所蔵の品物を見学できるとしたためられている。何でも秀吉から拝領したという大茶釜が所蔵されているとのことだ。

「当主」が茶を勧めにきた。勧められるままに茶を飲みながら、よく手入れされた茅葺きの庇を感心して見上げる。

「530年前に造られたものですよ」

木造の民家が数百年ももつものかと納得しかねていると、

「平成3年、先代の時に解体修理をし、古くなった柱などは取り替えたが、構造などはそのままだ」

「当主」は説明を加えた。

「家回りを造作するとなると、行政は金は出し渋るくせにあれこれ口だけは出してくる」

「当主」は不満を口にした。史跡の指定を受けているかどうかは聞き及ばなかったが、仮に行政上の指定はなくとも代々「茶屋番」をつとめた家屋が文化財として十分価値を持っているはずである。私はそこに文化行政の貧困を垣間見た。

峠道をはさんで建つ大きな石碑が気になる。

「代々の墓ですか」

「当主」は首を横に振り、永平寺を開いた道元が病いを得て京都へ帰るとき、付き添ってきた弟子たちに「将来ある君たちは永平寺に戻って修業に励みなさい」と、この峠で別れた記念碑だという。

鉢伏山へは、この碑の裏手の尾根筋を西へたどれば30分ほどで踏めるのだったが、話し込み過ぎて断念。ガイドブックにスキー場が開発されて峠への道が寸断されていると記されていたのを思い出し、念のため道順を「当主」に聞く。

私が恐れたのは下る谷を間違えて栃ノ木峠に通じる国道に出てしまうことである。その道をたどっても今庄まで出れないことはないが相当の距離を歩かされることになる。

「道標はありますか」

思わず問い直してみると、

「今庄町がそんな整備をしますか！」

温厚そうに見えた「当主」が怒気を強め、吐き棄てるようにいう。峠より北側は今庄町である。「当主」は「茶屋」の保存をめぐり想像以上に今庄町に不満であることをうかがわせた。


畳石の峠道を下り始めると、右手直下には町興しで開発されたスキー場が広がった。古道の面影を残す幅広い山道は、敦賀湾側にピークをもつ鉢伏山（763メートル）の山腹をほぼ水平に巻く。まもなく「当主」に教えられた言奈《げんな》地蔵が建つ御堂に出る。今庄に出る時間が気になり、御堂で休む間もなく先を急いだ。最近開発されたスキー場らしく最新鋭のリフトが峠道を越えて鉢伏山山頂に伸びている。鉢伏山から派生する尾根を巻くように越すとまもなく車道に出た。そこが「当主」に教えられた「笠取峠」である。栃ノ木峠の谷に下っていないことに安堵する。古道は車道に寸断されていたが、しばらくで古道は戻ってきた。急坂を下るとゲレンデに入る。枝稜線を越えた谷に作られたゲレンデの中をたどっていけば、南今庄駅に至る谷に出れることはもう間違いない。ゲレンデの端の踏み跡をたどりリフト小屋に出た。

そこからはうす暗い杉の樹林のなかの荒れた小道をたどり、まもなく車道に出たが、今庄側は１０００年も続いた峠道の面影はほとんど失われていた。敦賀側に比べて保存の状態もよくなく、案内の情報も比較にならないほど少ない。「当主」が怒りを込めていたのも故なるかなである。その保存状態の違いは、自治体の財政力の大小から出てくるのではない。山間の小さな今庄町がスキー場を開発するほどである。それは文化財の保存にたいする姿勢の違いにあるのだろう。

（山行日　１９９7年12月7日）

第7話　徳本峠〜霞沢岳（2646メートル）

……ウォルター・ウェストンが11回越えた峠から穂高連峰の大展望台・霞沢岳へ

近代登山の黎明期、アルピニストは北アルプスへ島々谷から徳本峠《とくごう》を越えて上高地に入った。梓川沿いに上高地への車道が拓かれてからも島々谷の道は今も踏まれている。その古道をたどることは私の長年のテーマだった。

徳本峠へは一度目も二度目も諸々の事情で上高地の明神側から入山するはめになった。三度目の今回こそかねてからの宿望を果たしたい。島々谷から徳本峠に登り、文字通り穂高連峰の大展望台である霞沢岳をめざすことにした。

訪れた徳本小屋は増築され、最初に訪れた際に泊まった、古《いにしえ》の山小屋の面影を残していた棟が物置になっていたのは残念だった。

徳本峠（2135メートル）は、梓川の支流が刻む島々谷と上高地を結ぶ。古くは北アルプスに入る猟師や、松本藩有林だった梓川流域の山林を伐る杣人《そまびと》は、この峠を越えて上高地に入った。当時、谷間《たにあい》が狭まり難所が続く梓川沿いから上高地に入ることはできなかった。明治の中頃から近代登山が始まると、上高地を紹介し「日本アルプス」の名を広めた、W・ウェストンや日本山岳会を結成した小島烏水《うすい》、志賀重昂《しげたか》なども この峠を越えている。それだけではない。高村光太郎・智恵子夫妻や芥川龍之介といった、上高地を愛した文豪たちも越えた。昭和初めまで上高地にあった牧場で放牧された牛もこの峠を通ったという。

梓川沿いに車道が開通したのは、1933年（昭和8年）になってからのことである。車道が通じると、それまで踏まれていた古道が廃れることが少なくない。しかし20キロもの歩行を強いられるというのに島々谷の道は廃れることがなかった。

峠に立った時、不意にまなかいに現れる穂高の気高い岩峰群は、日本の山岳景観の最高のものとされていた。その不意打ちにおどろかない人はいなかった。（深田久弥「日本百名山」新潮社）

深田久弥がそう書き記しているほどに、長い歩行の末に眼前に広がる穂高連峰の愉しみがあるからだろう。峠には今も素朴な小屋が健在で、峠とその小屋を目当てに登る人も少なくない。

7月23日朝、松本電鉄新島々駅を降りて上高地行きのバスに乗り換え四つ目のバス停で下車。島々谷は長い。標高差1000メートル、20キロを7時間30分で歩くのがコースタイムである。10時前、歩き出すと間もなく「徳本峠歩道」の案内板が立つ。日本アルプスの名を世界に広げたW・ウェストンは11回も徳本峠を越えたと記されている。それほどに足繁く北アルプスに踏み込んでいたからこそ、帰国後ロンドンで出版した「日本アルプスの登山と探検」（青木枝朗訳／岩波文庫）は、当時の登山の実相や山麓の風俗をリアルに描くことができたのだろう。タイトルに「探検」が入っているのは、ウエストンが日本アルプスに熱中した明治の中頃は、まだ北アルプスの地図がすべて整備されておらず、当時の登山は探検的要素がかなりあったからだ。

しばらくで車止めだ。数台が駐車。おお、入山者はいるではないか。

「これからですか」

身支度中の男に声をかけると、明日入山とのことで谷の様子を探りに来たようだ。この6月上高地一帯はゲリラ豪雨に見舞われ、谷が荒れていることは織り込み済みである。

「1時間ほど前に登って行った人がいましたよ」

先行者の情報を教えてくれる。先行者がいるというのは心強い。

二股に向かって島々谷林道を歩き出す。1時間半の林道歩きだ。豪快に崩れた土砂が車道を埋めている。むろん歩いてなら通行に支障はない。

小さな発電所と砂防ダムを見送ると長い棒を持った男が歩いてきた。通行は可能と確信しているものの、谷の上部の情報が気になって様子を尋ねた。

「岩魚留《いわなどめ》から上の方が崩れている」

どういう崩れ方をしているのか、詳しい情報を知りたいがそれ以上は聞けなかった。手にしている長い棒が気になる。尋ねると蛇除けに使うとのことだ。

二度目の車止めで犬連れの男に追い付く。二股まで行くという。地元の人がウォーキング中のようだ。そこから1時間歩いて二股に着いた。公衆トイレも整備されている。ここからそれまでの林道歩きから一転して島々谷南沢沿いの山道だ。岩魚留まで3時間のコースタイム。あまり変化のないたんたんとした山道が続く。三木秀綱夫人遭難碑だの、炭焼き窯の跡だの、石灰採掘窯跡だの、島々谷の歴史情報が気を紛らわせてくれる。人間臭さが谷の奥にまで入り込んでいる。「瀬戸」という、谷が狭まりゴルジュ状の様相を見せるところもあるが、全体として呆気ないぐらいに穏やかだ。むろん所々崩れた箇所や桟敷の壊れたままのところもある。それとてヒヤヒヤドキドキというような箇所はない。

島々谷入り口から5時間近くをかけてようやく岩魚留に着いた（13時40分）。しかし500メートルほどしか高度をあげていない。これからが島々谷の核心部だ。休業中の岩魚留小屋は半ば朽ちかけている。岩魚留の滝を越えると勾配がきつくなり荒れが目立ってくる。単独行の男が下ってきた。待ち構えて谷の上部の様子を聞く。

「4カ所橋が流されている。靴は水没を覚悟してください。分からなくなったら一旦戻ってリボンの情報を探してください」

そう付け加えて足早に立ち去った。下山して来る人がいるのだから通行できないことはないはずだ。にっちもさっちも行かなくなり、引き戻さなければならないという事態は避けられそうだ。まずはそのことにひと安堵だ。

左岸沿いに付いていた登山道が突然消え、崖の立木につかまりながら河床に降り立たなければならない所が何カ所か出てくる。増水で河岸がえぐられ、登山道が流されてしまったのだ。しばらく河床を歩くもリボンの情報が見つからないこともしばしばだ。GPSを詳細にしてチェックしてみると登山道はずっと左岸沿いに付いている。左岸を注意して見上げて行くと下生えが乱れている部分が認められる。強引に藪の中をよじ登ると登山道に合わせた。そんなことを繰り返していく。

徒渉箇所も何度か出てくる。反動を付けて飛ぶには少し幅がある。さりとてジャブジャブ水没を覚悟しなければならないほど広くもない。下山の男が「水没を覚悟してください」と言っていたのはこの辺りを指すのだろう。ぐしょぐしょの靴を履く、あの不快さは堪らない。水際ギリギリまで進み出て、反動を付けて浅瀬を選んで飛ぶ。スパッツを付けた靴は瞬間的に水に浸かっても水の侵入は避けられる。私は夏場でもロングスパッツを付けることにしている。泥よけや蛇対策の目的もあるが、水没から靴を守る効能があるからだ。

全体に谷は荒れているがおとなしい。廊下状の悪場もない。リボンの情報がなくても流木を跨ぎ、流れを飛びルートファインディングしながら進む。切り込みが入った倒木の「橋」に出た。段違いに2本並んでいるので上段のものが手すりの役割を果たす。流木が夥しい。その中には架橋や桟敷に使われていた針金でくくられた丸太も流されている。相当の鉄砲水が暴れたようだ。

1893年（明治26年）の夏、W・ウェストンは島々谷のガイド・嘉門次を引き連れ、徳本峠を越えて上高地に入り穂高に登った。

徳本峠に向かう険しいつづら折りの登りは、如何《いっか》な終わりそうにない。午後はひどい暑さで、左右に迫る笹藪には、そよとの葉ずれの音も起こらなかった。峠の峰に着くと木陰に身を投げ出して、奮闘の末にかちえた快いヒルネ（昼寝《シェスタ》）の夢をむさぼった。（「日本アルプスの登山と探検」青木枝朗訳／岩波文庫）

今から100年以上も前のことである。峠に至るまで険しいつづら折だったこと、暑かったこと以外格別描写がない。それほど当時の古道も単調だったようだ。そのことが逆に豪雨禍で荒れたことを物語っている。

沢を離れ山腹を絡みだすとひょっこり右手に登山道が出てきた。ここが「力水」らしい。何の標識も出ていない。ひょっとすると鉄砲水で流されたのかも知れない。ここで標高1700メートル。あと300メートルほど登れば峠だ。そこから先は快適な登山道が伸びた。2カ所の水場を過ぎると山腹を絡むジグザグ道はますます快適になる。夏草は刈り払われている。小岩を踏むこともない。段差もほとんどない。根張りもない。本当に歩きやすい道だ。ジグザグ道が堀割状になって来ると峠の小屋は間もなくだった（17時10分着）。

「5月に来た人でしょう」

カウンターに立つ男が私の顔を見るなり、笑顔で迎え入れた。

「今回は単独でリベンジにやって来ました」

3カ月ぶりの再会を喜んだ。

この5月、霞沢岳をめざして明神から徳本峠に向かったが、思いもよらぬルートミスで蝶ヶ岳側の稜線に上がってしまい、2歩に1歩は踏み抜く残雪にほとほと気持ちが折れた。力を振り絞って何とか明るみがあるうちに小屋にたどりついたのだった。考えられないようなルートミスがどうして起きたのか、地図を広げて一緒に検証までしてくれた。ルートミスは生半可な記憶と思い込みが要因だった。何度か来たことがあるという曖昧な記憶は、地図やGPSでチェックすることを怠らせたのだ。

小屋は空いていた。今宵の泊まり客は団体客に夫婦連れなど13人。女性7人に対し男6人。山は依然女性上位が続いている。

冒頭に「峠には今も素朴な小屋が健在で、峠とその小屋を目当てに登る人も少なくない」と記したが、その棟は物置になり増築されていた。

その棟は趣があった。最初に来た際の様子を私の山行記に次のように記している。

四方からつっかい柱に支えられた小屋は、外観からみてもいかにも頼りげなくこぢんまりしている。W・ウェストンが峠を越えたときに小屋はすでにあったというから、当時のままではないにしてもこの徳本小屋は長い歴史と由緒がある。北アルプスの山小屋は来るたびに大型化し、「ホテル」化している。そういう流れの中にあって、徳本小屋はこの100年間、その佇まいをほとんど変えていないかのようである。

間仕切りは板間と台所兼用の食事をとる狭い部屋のみ。「2階」と教えられた寝場所は板間から直接階段をあがった屋根裏。もちろん屋根裏とて梁の頭突きを用心しなければならないほどの狭い空間である。これを「2階」というのはまだ理解できる。別のグループが寝場所は「3階」と案内されているのを耳にして、「3階」とはいったいどういう構造になっているのか気になった。夕食後寝場所に上がってみると、何のことはない。玄関側の屋根裏の方が30センチほど高い。それで「3階」と称しているのだ。

しかし、このネーミングは宿泊者を迎える側からすると案外便利がいいのではないか。泊まりの客に寝場所を案内するのに、仮に「楓」だの「白樺」だのとネーミングすると、「玄関側からいうと奥の方だとか前の方だとか、いちいちその場所を説明しなければならない。第一、屋根裏にそうしたネーミングは似つかわしくもない。明かりのない屋根裏に表示することもできない。「2階」「3階」ならネーミングが奇妙であっても、階段さえ上がればその奇妙さは一度に氷解し、指定された寝場所にありつける。

食事をとる部屋は8人ほどの定員。夕食は3回に分かれてとることになる。出された食事のみてくれはよくないが、思いの外、食がすすんだ。3点ほどの野菜の天ぷらがいい。野菜たっぷりの味噌汁もいい。色あせてはいたが輪切りにしたトウモロコシも十分甘みがあっていい。この小屋の灯りは今なおランプ。発電機は使っていない。だから当然冷蔵庫もない。野菜主体の副食構成は野菜は保存が利くからだろう。

昔ながらの山小屋の佇まいを残していたこの棟が使われなくなったことは残念なことだ。

7月24日午前5時前、霞沢岳目指して早立ち。往復8時間を要するロングコースだ。くわえて峠から上高地まで3時間を要する下山が控えている。昨夜は星空だったのに早朝からガスが沸き上がり、高曇りでパッとしない。

小屋から目と鼻の先にある展望台に立って、見覚えのある岩峰群を望む。徳本峠といえば穂高連峰の展望台のように思われがちだが、目の前には明神岳の岩峰群が迫っている。その右奥にぴょこんと前穂高岳が明神岳を睥睨《へいげい》するかのように突き出ている。左手奥にちょっぴり望まれる奥穂高岳は目を凝らさないと気が付かないほどだ。吊尾根も奥穂高岳から西穂高岳に至る岩稜も隠れている。徳本峠から望めるのは深田久弥がいうように「穂高の気高い岩峰群」なのだ。

若い頃初めて河童橋から望んだ西穂高岳から奥穂高岳、前穂高岳の大展望に息を飲んだ。あの大展望を上高地を挟んで霞沢岳側の高みから望んだからどんな風景が広がるだろうか。ワクワクしてしまう。そのワクワクはK1まで登らなければならない。

今回の山旅のもう一つのミッション目指して、ジャンクションピークを越えてアップダウンを繰り返しながらゆるゆると高度を上げていく。深い樹林帯とあってほとんど展望がない。気温14度。そこそこ風があり凌ぎやすいのが救いだ。島々谷側の大きな崩壊地の際を慎重に通過。なおも小さなアップダウンが続き、意外と時間を要する。あの大展望を望みたい一心が足を前に向けさせる。

K1の急登に差し掛かかると、六百山に連なる稜線越しに西穂高~奥穂高~前穂高が見え出してきた。前穂高の東側にガスが沸き上がってきている。徳本小屋で得てきた今日の天気予報は下り坂。午後には降り出す。奥穂高と霞沢岳との直線上にあるＫ１からは、穂高連峰の大展望が得られるはずだ。

〈霞沢岳までは無理でも何とかＫ１まで持ってほしい〉

日頃は希望的なことなど願わないクールな質なのに、珍しく空をにらみ念じた。鎖、固定ザイルが伸びる急登に呼吸を整えながら高度を上げる。

９時過ぎようやくＫ１のピークに立った。奥穂高の山頂部にちょっとガスがかかっているものの、まだ天空には青空が残り何とか展望が得られた。六百山に延びる尾根の先に西穂高岳の稜線～奥穂高岳、そして吊尾根につながった前穂高岳、明神岳が一望だ。白い残雪の帯が岳沢へ落ちる。穂高の主要な峰を一望に収めるビューポイントはここだけだ。槍ヶ岳は隠れている。その方がいい。目立ちがり屋の槍ヶ岳が見えると目移りしてしまう。ここの主役は穂高連峰なのだ。カメラを構えて入念に構図を決める。穂高連峰だけに目を奪われず、穂高連峰の雄大さがでるよう、天を詰め前景に六百山へ至る尾根を存分に入れる。

もうガスに覆われてきたＫ２のピークにシルエットの先行者が見える。あと少しＫ１に立つのが遅れていたらこの大展望は得られなかった。Ｋ２に向かう途中、午前4時前に早立ちした団体客が戻って来た。私はハイマツのヤセ尾根に立ち止まり彼らをやり過ごす。島々谷側からもうもうとガスが湧き上がって来る。一旦下り登り返してＫ２に立った。もう辺り一帯ガスが立ち込め霞沢岳も見えなくなった。そうたびたび訪れるところではない。Ｋ１で穂高の大展望を望めたことを再び喜んだ。

「左を巻く道が出てくればもう霞沢岳の山頂ですよ」

下山者から声がかかる。峠から実に5時間。寝不足による不調でコースタイムより1時間多く要して、ガスに包まれた霞沢岳山頂に立った（9時51分）。K1で展望を得ているので何の不満もない。今夕までに上高地まで戻り、午前様になろうとも今日中に帰阪しなければならない。早々に腰を上げた。

徳本峠に戻ったのは14時過ぎ、上高地に戻ったのは17時前。12時間もの長時間歩行だった。古傷を持つ右足が不安視されたがトラブルを起こさず。めでたしめでたし。

（山行日　2011年7月23〜24日）

地の果ての山を行く

第8話　夕張岳（1667メートル）

……夕張岳に登り、「幸福せの黄色いハンカチ」（山田洋次監督）のロケ地を訪ねる

以前のこと、美瑛岳～十勝岳を縦走した際、美瑛岳で出会った某紙の記者から「夕張岳はいい山ですよ」と勧められてぜひ登ってみたい山だったが、関西から遠く離れた、「蝦夷地」の山は馴染みが薄い。

しかし夕張の名は中学の地理の授業で、当時産炭で活況を呈した街として学んだ世代には、その名は札幌や函館、小樽、室蘭の名と同格に記憶されている。その後石炭から石油へ、原発へエネルギー政策が転換し、ガス爆発事故が相次いだこともあって夕張は急激に衰退していった。人口は1万人を割り、財政再建団体に転落。再生をはかろうとするニュースを聞くたびに気になる街だ。その街がどう変貌しているか、夕張岳から下山後訪ねた。

8月18日早朝、登山口まで3時間はかかるとみて、札幌市内の宿をレンタカーで出発。見知らぬ土地ではあったが、順調に走り抜け夕張川の支流・志幌加別川を分けるJR清水沢駅へ出た。この支流を遡上れば夕張市街に至る。駅前の客待ちのタクシー運転手に大夕張ダムに出る道を尋ねると、「夕張岳に登るかのかね」と逆に問われた。明石町に夕張岳登山口の案内が立っており、そこ

からは林道を一本道だという。林道の様子が案じられたが、とくに注意を要する情報もない。タクシーも頻繁に入っているようだ。

清水沢駅から夕張川に沿って山間を走ると突然家並みが現れた。錆びつき朽ちかけたSLや貨車が路端脇に放置され、トンネルの入り口が夏草に覆われている。古びた陸橋が背丈高く伸びた雑草をまたぎ、駅のホームらしきものもある。かっての石炭積み出し用軌道敷跡だ。それはこの先の明石町を越えて延びていた。真新しいコンテナが数珠つなぎで置かれている。軌道敷はコンテナ置き場として今日も活用されているのだろう。黒い土肌を見せるボタ山らしいものもある。辺りは炭坑の街であったことを垣間見せる。

かつて産炭で活況を呈した夕張は、山間の街の人口が10万人を超えていた記憶がある。すでに石油へのエネルギー転換政策が取られはじめていたが、まだ石炭が重化学工業を支えていた。その後転換政策に拍車がかかり、相次ぐガス爆発事故も相まって閉山が続き、夕張の街は急速に衰退していった。今日では1万人を割っている。いくら人口が減っても、行政制度としてはいったん昇格した市制は町への「降格」はないそうだが、短期間にこれほど衰退した街は他に例を見ない。

下山後、夕刻が迫っていたが、夕張の街がどんな変貌をとげているか、興味がそそられて、帰路を岩見沢経由で道央自動車道を走ることに変更し、清水沢駅から夕張の市街地を走り抜けてみた。

夕張は感動をよんだ山田洋次監督の名作「幸福せの黄色いハンカチ」のロケ地である。この映画は一度つまずいても生きる人間賛歌の物語だ。倍賞智恵子演ずる「妻」が高倉健演ずる服役中の「夫」

の出所を待つ。殺人犯の服役期間はそう短くはなかったはずだ。「妻」は待っているサインとして屋根に黄色いハンカチをかざすことを約束する。しかし「夫」は妻が本当に待っていてくれるかどうか確信はない。些細な喧嘩からとはいえ「夫」は人を殺めた身である。待ってくれていなくても仕方がない。「妻」はいよいよ「夫」が戻ってくるという日、万国旗のようにつないだ黄色いハンカチを屋根にたなびかせた……。

その屋根が「炭住」（炭坑住宅）だった。志幌加別川の狭い谷間に街並みが細長く延び、斜面に規則正しく立ち並ぶ赤や青の屋根は、改築されたのか、映画のシーンのようにくたびれてはいなかったが、「炭住」のなごりを連想させた。私はそれに黄色いハンカチの屋根をダブらせた。

山腹を走る国道には「炭坑歴史村にようこそ」の歓迎垂幕が掲げられ、移設されたホッパーのやぐらと資料館が眼下に見下ろされた。その奥の谷間には不釣り合いな大型の観覧車やジェットコースターなどのレジャー施設が開設され、数百台収容できそうな大型駐車場が併設されている。夕張は特産のメロン栽培にくわえて、かつての炭坑を観光資源に再生をはかろうとしているようにみえる。

明石町からシュウパウロ湖に架かる橋を渡ると、夕張川の支流ベンケモユゥーパロ川に沿って、地道の林道はこれでもかこれでもかと奥に延びていた（現在は通行止め）。地道とあって水たまりや路肩の弱いところは避けられなかったが、落石は片付けられており、車の腹をこすることもなく走しるに走った。ダム湖から20キロ近く入り込んだだろうか。こんな奥深い山に入る登山者はいるだろうかと思われたが、簡易トイレのある駐車広場には4台、もう少し奥の車止手前には3台が駐車しておりほっとする。6台は道内ナンバーだったが横浜ナンバーが1台混じっている。たとえ1台でも遠方の車が入っていることは、この山は本州方面にも知られた山らしい。

登山届けをポストに投げ入れて、予定どおり9時前にスタートを切る。車止めから荒れた車道が延び、ほどなく「馬ノ背」コースと「冷水」コースの分岐に出る。夕張岳についてはまだ不案内である。まずは夕張ヒュッテに立ち寄り管理人から情報を得ることにした。2階建プレハブづくりのヒュッテは、キャンプができそうな明るい平坦地にぽつんと建つ。

人気のしないヒュッテの扉を何度かたたくと、〈不在か〉と諦めかけた頃に初老の男が顔を出した。

「どちらから?」

「大阪から」

「おおっ!」

管理人は驚きの声を上げた。かなり登られている山らしいが、関西からの入山者は珍しいと見える。

「今年の入山者は例年の5分の1に激減。あんたたちはどんな仕事か知らないが登ってくるのは、公務員と学生ばかりだ」

地方公務員の妻は苦笑を禁じ得ない。今年は最高で30人、普段の日は13~14人だという。実際、この先出会った下山者を数えてみるとそれぐらいだった。

こんな奥深い山だからヒグマが出没しまいか気になる。管理人は熊の出没に注意を促すことはなかったし、注意を呼びかける看板も出ていない。まずはそのことにほっとする。「山ノ背」コースは最初からぬかるんだ細道の急登で息を切らせる。１時間も登るとガス帯に突っ込む。管理人は「午後から晴れる予報だが、ガスのかかり方がおかしい」と回復に疑問をなげかけていた。2時間足らずで「冷水」コースと合流。「山ノ背」コースは明確な下りが二度もあった。下りには登り返しになるので、疲れが出ている下りに利用するのは得策でない。下りは「冷水」コースをたどってみよう。

辺り一面ダケカンバの純林が広がった。変化のないガスの樹林帯の歩きに飽き飽きしていただけに、ガスに煙る大ぶりのダケカンバにほれぼれする。5月に登った南八ヶ岳の権現岳の裾野では、すっくと天に向かって真っ直ぐ伸びるカラマツの芽吹きが目を見張らせた。それは新緑の幾何学美ともいうべきものだったが、ダケカンバの純林は一切の直線を失い、白い幹がてんでばらばらにうねるカオス状態。しかしそれはそれで調和に満ちている。乱調の美だ。

6時50分に取り付いたという初老の男が早下ってきた。今日最初に出会った入山者だ。さらにたて続けに男女2人組、単独行の男が続いた。もうぼつぼつ下山者に出会うだろうと予想していたが、平日の奥深い山で登山者に出会ったことにほっとする。彼らは「山頂ではわずかに視界が得られた。これからもっと回復するのではないか」と期待を持たせてくれる。

ダケカンバのなかの急登に休みを取りたくなる頃、勾配が緩んで「石原平」の看板が立つ平坦地に出た。確か前岳（1501メートル）は等高線が混んでいる尖塔と思えたのに、平坦地に出るのはおかしい。地図を取り出して確かめてみると、前岳の基部に細長い棚のような平坦地があり、そのトラバースにかかっているのだとわかる。ここはシラネアオイの群生地。「花期は6月中旬〜7月上旬」

と解説された案内板が立つ。もう花期は過ぎている。小型の花弁が多い高山植物にあって、大型の花弁がゆらりゆらり空を泳ぐシラネアオイが見られないのは残念。樹林が切れて「望岳台」に出た。夕張山地最高峰の芦別岳が遠望されると案内板に記されていたが、濃いガスが阻んでいる。地図で確かめると、角度からいって夕張岳も望まれるはずだが、杳《よう》として知れない。

今回の山行にあたっても、いくつかのガイドブックを読み、国土地理院の地図も手に入れて目を通してきた。いつもだったら大概の山はそれでどんな山かイメージをつかめるのだったが、この山に関してはそれができなかった。それは関西に住む者にとっては、滅多に耳にすることも写真に触れることもない、北海道の奥深い山であることにくわえ、地形が複雑だったからだ。当時（1998年）はまだネット環境が不十分な頃である。ネットから様々な山岳情報が得られる今日とは隔世の感がする。

旅にしても登山にしても、誰しも訪れる先を調べ、知識や情報を仕入れて想像力を働かせる。旅や登山はその追体験といってよい。追体験がなぜ面白い、予備知識もなくイメージを働かせない方が、実際訪れた際より新鮮だという論がないではない。しかし観光はともかく、安全が優先されねばならない登山にあっては無謀のそしりをうけるだろう。どんなに調査し想像力を豊かにしても「聞くと見るでは大違い」であって、それを超える新しい感動と発見がある。一般の旅と違って登山は二度目、三度目……と訪れる場合が少なくない。私にはそういう山がいくつもある。その場合は文字通りの追体験になるのだが、それでも感動と新鮮さは減ずることはあっても、なくなるわけでない。むしろ前回に見逃した新しい発見がしばしばある。だから登山は万人をとらえて離さず、飽きることがない。

以前のこと、美瑛岳〜十勝岳を縦走した際、美瑛岳で居合わせた某紙の記者から「夕張岳はいい山ですよ」と耳にしていたのに、イメージがわかないままに入山しているというのは、気持ちが落着かない。私の登山人生においてこんな山も珍しい。しかも中腹にさしかかっているというのに、「望岳台」に出ても視界が得られず、依然イメージがつかめないのだ。このままつかめないままに山頂を踏み、下山することになるのではないかと恐れた。

その点、妻にいたっては、事前に地図を見ることもガイドブックを見ることもなく、平然としていられるのは実に不可解である。私なら位置不安症、イメージ不安症に陥るところだが、彼女がどこをどう走り、登ったか地図で確かめたのは、下山後2週間も経ってからのことである。

彼女は登山に関心がないというのでない。これまでも時折山行を共にしてきたし、同僚らと山を歩くこともある。最近登山靴や軽リュック、雨具、山シャツを買いそろえているところをみると、2、3年先に迫っている退職を前にして、山歩きを趣味にしようとしているようにも見える。「趣味のない老後はさびしい」「趣味を持つなら退職後では遅すぎる。現役からやっておくべきだ」と職場の話題になっているというのだから。

想像するに彼女の山行の愉しみは、おしゃべりと歩くこと自体にあるらしい。彼女のおしゃべりに相づちを打たぬことなら、「生返事ばかり」とたちまちお叱りを受ける。だから彼女にとって単独行というのは絶対あり得ないことだろう。歩くこと自体にあるらしいというのは、コレステロール値の高い彼女にとって、歩くことでどれだけその値を減らせるかに最大の関心事があるように思えるからだ。登山の愉しみ方も人様々、一様ではない。

笹が刈り払われた歩きにくい前岳の巻き道をたどると、潅木の中から沢の水音が聞こえ始めた。前岳は切れ落ちている尖塔である。その巻道なら沢は滝のように落ち、激しい水音を立てているはずだ。穏やかな沢音であることは、前岳を巻き終えて緩やかな斜面に入ったことを示している。まもなく水音のしていた「憩沢」に出、沢道を遡ると朽ちた木道が敷かれた湿地帯に出た。前岳湿原だ。ガスが薄らいで山影がぼんやり目に入ってきた。このあたりの標高は1400メートル程度に過ぎないが、ハイマツの斜面がなだらかに広がり、尖塔状の奇岩がニョキニョキ立つ。ガスが見る見るとれ、青空さえ垣間見せ、穏やかな尾根が延びる。ようやく夕張岳の山容がつかめ始めた。

この時とばかりに木道の端に腰を下ろし、眼下に広がるなだらかな樹海の裾野を眺めながら昼食をとった。しかし山頂方面の視界はまだ得られない。下ってきた男にこの先の様子を聞く。

「あれがガマ岩で、その奥にハイマツの緩やかな斜面が広がる。そこを回り込んで行くと山頂はあとひと登り。そこまでは平坦で登りらしい登りは最後のピークだけですよ」

彼が「あれが」と指呼した岩峰は、穏やかな山並のなかにあって、台形状の大きな岩峰が突き出ているので目を見張らせた。ガイドブックを見ても、このガマ岩を前景に取り入れているために背後の夕張岳が引き立たなくなった写真が多く、夕張岳のイメージをつかめなかったわけだ。

某紙の記者が「いい山だ」と語っていたことが実感できたのは、ガマ岩の裾を巻いてハイマツの広い平原に出た時である。1487メートルピークと山頂部の高みの間にハイマツの斜面が伸びやかに広がる。そして十分張り出した裾野を伴う山頂部は、釣鐘岩と熊ガ峰の二つのコブがその間を鞍部となし、その奥にまだガスのかかる三角錐のピークが待ち構える。これが山頂だ。夕張岳は高山植物の宝庫として知られている。この辺りがお花畑だろう。もういくつかの残り花が散見されるに過ぎないが、花は過ぎてもこのハイマツの斜面、穏やかなピークを見るだけでも値打ちがある。鞍部に出ると富良野側からの金山コースと合わせる「吹き通し」に出た。

「夕張岳がいい山だという意味がよくわかった。ダケカンバの林が現れてからこの山の様相が変わった。それまではつらいばかりで、ただ自然の中にいるというだけだった。何故もこうしてまで夕張岳に登ろうと言い出したのか思っていた」

山頂への最後の登りにかかって妻はいった。

某紙の記者が語った一言がこの山に向かわせたが、妻の言葉に私も全く同感だ。最後の急登をあえいで山頂に立ったのは13時30分。ガスが時々切れてハイマツの海が四方に見下ろされた。イメージも持てないままに、取り付きからつらい樹林の急登だっただけに、山頂の喜びはひとしおである。14時前、私たちは疲れを十分癒して下山にかかった。前岳湿原まで戻るとガスがすっかりとれて、複雑に思われた山頂部の全容が望まれた。再びガスに包まれたダケカンバの林で写真タイムを愉しみ、北海道の奥深い山に登った満足を得ながら下った(17時前駐車場着)。

(山行日　1998年8月18日)

第9話　羅臼岳（1661メートル）

……知床半島付け根の羅臼から岩尾別温泉へ「地の果ての山」を憧れの大横断

妻が「涼しい山に登りたい」という。3000メートル級の稜線に立てば涼しいだろうが、猛暑の今夏、暑さに極度に弱い妻は稜線に立つまでにくたばってしまう。そこで北海道の山をめざすことになった。それも道東の「地の果て」の羅臼岳に。

10年前の夏、岩尾別温泉側から羅臼岳に登り、山頂からクナシリ島を望んだ。そのときの私の山行記に「めずらしく山頂に1時間もとどまって、多分もう二度と来ることがないであろう、『地の果て』の感触を愉しんだ」と記している。

その「地の果て」の山を羅臼から岩尾別温泉側へ大横断することになった。

前日の夕刻、羅臼横断道路を走り峠を越えて羅臼に向かった。羅臼平から望むと岩を重ねた岩峰に見える羅臼岳が、巨大なドームにすっかり形を変え西陽を浴びていた。その日は港が見える羅臼温泉の民宿に宿をとった。

「ウトロ側より羅臼側の方が急坂なのは知っているんですか」

民宿の女主人は私たちを歓迎する風でもなく、詰問するようにいう。やせぎすの妻と、鬢《びん》のはげ落ちたおっさんという、小柄な初老の夫婦連れをみて心配したのも無理もない。地図で見る限り羅臼側の登山路は変化があり長丁場であることが察しられた。それにウトロ側からの登山口の岩尾別温泉の標高が220メートルであるのに対し、羅臼温泉は50メートルほど。羅臼側の方が高度差が大きいのにこちら側を選んだのは、前回ウトロ側の岩尾別温泉から登ったので今回は単純に羅臼側を選んだにすぎない。

夕食時に女主人と熊談義になった。下草がのびる6月までは熊の姿をよく見かけるといい、軒先に寝そべっているときもあるという。6月以降も熊がいなくなるのではなく、のびた下草に見えなくなっているだけだと。女主人の平然とした話しぶりに、地元の人は熊が怖くないのかと思いきや、

「そりゃー、熊を見ると心臓に悪いですよ」

その一言を聞いて人並みだと納得した。

さて、熊と出会ったらどうするか。これは古くて新しいテーマだが、今からヒグマの生息地の山域に分け入る私たちにとっては関心事である。羅臼峠を越える前にウトロの「知床自然センター」に立ち寄った。そこで「熊に出会ったらどうするか」というクイズがあった。①逃げる、②撃退する、③寝たふりをする、④静かに離れる、の中から正解を選ぶと、④になる。①も②も熊を刺激し、襲われる要因をつくることになる。③はかえって熊に興味をわかせ近づいてくるという。近づいた熊がペロペロなめるかも知れない。そのときに完全に平静さを保てる人がどれほどいるだろうか。③はまったくの俗説である。

正解の④「静かに離れる」ことと、①「逃げる」こととの差異はどこにあるのか、ふと疑問がもたげた。人間が静かに離れたつもりでも熊から見ると人間が逃げたと映るかも知れない。逃げることと静かに離れることとは、人間が熊から離れるスピードをさすのではなく、離れ方にあるように思われる。すなわち熊との視線を離さず、背を向けないことではないだろうか。視線を離さず背を向けずに静かに離れる――これが熊と出会ったとき、人間が無傷で生還する極意ではないかと思われる。

「自然センター」でこのクイズを見つけて妻に紹介したのだったが、わずかのことにも感嘆の声をあげる彼女が、平静さを保って④の対応をできる保障は全くない。出くわした時「キャー」と叫ぼうものなら、逃げる、撃退する以前に万事休すである。とくに双方の予期しない出会い頭がもっとも危険である。車の事故だって出会い頭が対応する余裕がないだけに避けることは難しい。

だから熊対策で大事なことは出会い頭に鉢合わせしないことだ。ここは熊の生息地である。出会っても一定離れたところで人間の存在を気づかせ遠ざけることだ。熊は臆病な性質。熊だって人間は怖い存在である。そのためにも熊除け鈴やラジオを鳴らして歩くことだ。熊には出会うことは滅多にないだろう。それは熊がいないのでなく熊を遠ざけた結果である。結果と対策の是非を取り違えてはならない。

8月29日、6時には朝食が用意されていた。

「同宿の男性は出ましたか」

「3時に出発した」

女主人から事もなげな返事が返ってきた。羅臼岳のようなロングコースは早立ちが山行の基本だ。ロングコースに備えて朝食を抜いてスタートすべきだった。私たちはあれこれやで宿を出たのは8時である。この遅いスタートがこの先ハプニングを引き起こした……。

駐車場を抜けて登山届けをする。すでに10人ほどが入山している。今日は8月最後の日曜日。羅臼側は難コースとはいえ、これだけの入山者があるとはさすが名峰・羅臼岳のことではある。もっとも早い人は例の「3時の男」だが、大半の人は6時過ぎには入山している。私たちはもっとも遅い入山者だ。

その先にソーラー発電駆動の入山者のカウンター計が置かれている。これは下山した岩尾別側の登山口にも設置されていた。10センチほど離して2カ所センサーがついているところをみると、10センチの間を通過するわずかなタイムラグで入山者なのか、下山者なのかを見分けているようだ。ここは国立公園。来年、知床半島はユネスコの世界自然遺産に登録が予定されている。しっかり統計をとることは環境保護政策の基本である。

大ぶりの葉を広げた山ぶきが群生している。昨夜民宿の夕食の煮付けに茎の太いふきが出されたのはこの山ぶきだ。それに定番の毛ガニや一夜干しのカレイ、朝食にはサンマが丸ごと出されたが、地元の食材を使うからこそ新鮮で費用をかけず営めるのだろう。この日岩尾別温泉に下山し、翌日車を回収するために乗ったタクシー運転手がいうには「悪く言えば羅臼の民宿の人たちは夏場の3カ月で1年分を稼ぎます」

夏場にしっかり稼がないと知床は9月には降雪を見、10月末には横断道路が閉鎖され、半年以上厳しい寒さと雪の中に閉ざされるのだ。

小沢沿いに20分ほど歩くと「木がくれの滝」。水量は少ない。いよいよ山道らしくなってきた。昨夜の熊談義を思い起こして熊除け鈴の調子をあらためた。鈴の音の鳴りが悪い妻はシェーカーを振る仕草をしていたが長くは続かない。ひと登りで尾根に出ると左手に大きな谷が見え、沢音が激しい。「登山川」だ。さらに快適な尾根道をたどるとベンチのある「里見台」に出た。羅臼市街が見える。海を隔てて島影がうっすら見える。クナシリ島か、根室半島か、判断がつかない。広域地図で確かめると果たしてクナシリ島だった。知床半島と根室半島との間にクナシリ島が割り込んでいるのだ。

標高400メートルに届かないというのに広葉樹にトドマツが混じってきた。さらに500メートル付近でハイマツが現れた。この高度でハイマツが現れるとはさすが「地の果て」の山である。左手奥に羅臼岳本峰の一角も見えてきた。まだ大分高度差がある。尾根歩きから巻き道にさしかかった。見上げると尾根の上部は岩峰だ。緩く登ったかと思えば下ったりで高度はほとんど稼げない。「第一のカベ」「第二のカベ」とよばれる岩壁の基部の長いトラバースが続く。高雲が全天を覆い始め、羅臼岳の本峰にもガスがかかってきた。

歩きにくい巻き道に飽き飽きした頃、ようやく「登山川」に降り立った。鉄分が多いのか、河床は赤茶けている。もうガス帯に入っていて、冷気が火照る身体をつつむ。12時前、川縁の平坦地で昼食の腰を下ろした。

さて北海道の地名はほとんどがアイヌ語の当て字である。そういう中にあって当て字らしくない「登山川」というネーミングは珍しい。知床にしても「大地の行きづまり、つまり地の果て」の意であるアイヌ語の「シレトク」の当て字だし、羅臼も「獣の骨のある所」の意である「ラウシ」の当て字である。とすれば和人は何故こうも味も素っ気もない名前を付けたのだろうか。一般のガイドブックなどには出ていないが、「知床自然センター」で買い求めた2万5千分の1の「知床連峰」(北海道地図株式会社)には、私たちが駐車場から取り付いた沢が「発電所川」と名付けられている。その地図を見る限り知床でこうした直裁なネーミングはこの二つだけである。おそらくこの谷や沢にはアイヌ語の呼び名が残されていなかったのではないか。

では何故アイヌ語の呼び名が残されなかったか。アイヌは耕作生活ではなく狩猟採集生活だったはずだ。耕作はあったとしても粗放なものだっただろう。彼らにとって獲物や食料がありそうにもない谷や沢には入り込むことはない。おそらく「登山川」や「発電所川」には魚の類も生息していなかったのだろう。目の前の「登山川」の河床は赤茶けている。私たちが腰を下ろした少し先に「泊場」という裸地の平坦地があったが、そこは硫黄が噴出し、河床は真っ白だった。「登山川」が鉄分や硫黄分をたっぷり含んでいるとすれば、魚の類は生息できないはずだ。獲物のいない谷には熊も入り込むこともない。アイヌも分け入らず呼び名も残すこともなかったのではないか。

それにしても和人はあまりにも直裁な名前をつけたものだ。よほど名前を付けるのに窮したのだろう。

スタートして4時間を経過しているというのに、ようやく標高800メートル地点だ。登るべき高度の半分に到達したに過ぎない。このペースでは山頂に立てるのは午後も大分遅くなる。昼食はそこそこに腰をあげた。先ほど触れた「泊場」に出た。地名からいってここが幕営場に指定されているようだが、硫黄分がたっぷりの流水は飲用に使えない。

「泊場」からは沢道だ。標高800メートルをちょっと超えた付近で雪渓が現れた。この高度で、しかも猛暑だった8月も末だというのに雪渓が残っている——再び地の果ての山の厳しさを目の当たりにした。沢道は急な谷道の様相に変わってきた。羅臼平へまっすぐ登り詰めていく。単独の男が下ってきた。例の「3時の男」にちがいない。

「山頂までどれくらいありますか」

妻が問う。

「この先天狗岩もあるし、雪渓もある。まだ大分かかりますよ。今の時間だったら岩尾別温泉へ下るべきですよ」

「3時の男」が勧めた。まだ標高1000メートル付近だ。さらに高度差にして600メートル登らねばならず、2時間以上を要する。山頂に着くのは15時頃だろう。それから下山するとなると時間的に短い岩尾別温泉に下ることは根拠のある忠告だ。それも18時を回り日没になる恐れが十分ある。山頂はあきらめ羅臼平にとどめざるをえない。

実は、願わくば岩尾別温泉に下山し「地の果ての山」を大横断したかった。しかし岩尾別温泉へ下るとなると、車の回収に戻るタクシー代がバカにならないが、「禍を転じて福となせ」である。夢の知床横断が実現する。そう思い直して登りはじめた。急登にあえぎながら「泊場」まで4時間以上も要し、あまりにものんびりしすぎたことを悔やんだ。大休止したというのでないが、妻があまりにも高山植物の撮影に道草を食いすぎた。ガスが立ち込めどこが天狗岩か判然としないままに登り詰める。妻に足が引きつる症状が出てきた。もう彼女の限界点を超えている。スポーツドリンクを絶えず口にする。こんな状態では羅臼平を彼女の山頂にしなければならない——ますますその思いを強くする。ガス帯を抜けると晴れ間から山頂部が見えだした。

急坂を抜けて広い斜面に出ると「3時の男」が言っていた大きな雪渓だ。雪渓に踏み込んだが滑落の危険を感じる。抜け出して雪渓が融けたばかりの裸地の斜面を登り詰めると、羅臼平の一角のハイマツ帯だ。歩きにくいハイマツの切り開きを踏んで岩峰直下の岩清水に出た(14時10分着)。岩からしみ出た清水がすだれになって落ちている。

さて山頂を目指すべきか、ここを彼女の山頂とすべきか断念すべきか、再び思案する。妻をみると足がひきつった割には元気そうである。

「山頂までどれぐらいですか」

妻は腰を下ろしていた若い2人組に、またまた聞いている。彼女は山頂アタックに意欲十分である。下山が日没になる恐れがあったが彼女の意欲を無視するには悔いが残る。15時には山頂に立ち、遅くとも19時には下山できるだろうと見込んで山頂アタックを決断した。

手と足をフルに使い巨岩をぬって山頂に立った（14時51分）。実に登りに7時間近くをかけて、高度差1600メートルを登り切った。華奢な彼女に乾杯だ。これなら槍・穂高だって登れるなあ。根室側は雲海だ。雲の中からうっすらクナシリの高峰が頭を出している。歴史的に見ても日本固有の領土だった千島列島が異国の領土になって久しい。島国の日本は国境を意識することはほとんどない。しかしクナシリ島を目の前にすると羅臼は国境の地なのだと実感する。手前の三ッ峰も遠く硫黄連山もくっきり見える。硫黄連山が白く見えるのは残雪ではなく火山の噴出物で漂白されたためだ。知床半島の原生林の海や知床五湖もくっきり見える。妻は大満足だ。

直下の羅臼平を見下ろすと午後も3時になろうというのに、山頂に取り付くグループが見える。今時から登ってきて下山は大丈夫だろうか。下る途中出会った彼らに声をかけると羅臼平で幕営するのだという。羅臼平の幕営地に下るとヒグマ対策の食料庫が置かれていた。テント内に食料を置いておくとヒグマが匂いをかぎつけてテントを襲う。食料は据え置きの食料庫に入れて寝入るというわけ。前回来たときにはなかった環境庁の粋なはからいである。とはいえ安心して寝入ることができるだろうか。私はヒグマの出没する山域で幕営などする気にもなれないが、硫黄連山まで縦走しようと思えば幕営の適地はここしかない。

16時前、羅臼平を離れ岩尾別温泉へ下山の途についた。もう羅臼岳は見納めである。振り返り振り返りながら大沢へ下った。急なところは土嚢《どのう》が積まれ、膝に優しい。大沢をすぎれば、あとは実によく整備され踏み込まれた下り道である。もう疲れた足ではあったが快適に下った。銀名水で水の補給を割愛し「弥三吉水《やさきちみず》」で喉をうるおした（17時22分）。

弥三吉とは木下弥三吉のことで、岩尾別温泉の登山口にある木下小屋の創設者だ。羅臼平に木下弥三吉の碑が建っている。

「知床を限りなく愛した　これを友に惜しみなく預けた」木下弥三吉君【一九〇九～一九六〇】を記念して　北大山の会　一九六〇年」

しかし前回泊まった木下小屋の所有者に聞いても、「木下の名前を残すことが譲渡の条件だった」というだけで、木下弥三吉についてそれ以上のことはわからなかった。その所有者でももう何代か代わっていた。それが先ほど紹介した「知床連峰」の地図付属の小冊子に木下弥三吉のことが触れられていた。

網走市に生まれる。北海道大学在学中に父の死去により大学を中退、木下木材の稼業を継ぐ。昭和六～七年頃より知床連山をくまなく踏破し、知床を岳界に広めた先駆者である。また、当時自己所有の造材飯場を登山者の宿泊所に提供し、木下小屋と改称し、現在地に移転、改装して現在に至っている。

前回訪れた際に、弥三吉を知床の開拓と紹介に当たった人物ではないかと推測したのは当を得ていた。弥三吉の名と功績が末永く語り継がれることを願いたい。

さらにひと下りすると「注意!!ヒグマ出没多発区間」の立て看板にぎょっとする。

「この先　オホーツク展望までの区間は登山道上にアリの巣が集中し、煩雑にヒグマがアリを食べに来ています。必ず声を出したり、鈴をならすなどしながら歩行してください」

多発理由が具体的であり、説得力がある。

「ヒグマに出会っても、決して騒いだり、近づかないで、静かにゆっくりと後退して下さい。ヒグマが立ち去るまで無理に下山しないで下さい」

出会ったときの対処策も指示されている。「背を向けず視線をそらさず離れる」と考えたことは正解だった。私たちは熊除け鈴をいっそう振り鳴らしながら先を急いだ。

「オホーツク展望台」をすぎると陽が陰ってきた。

「足が棒になってきた」

妻がそう言ったが、

「これだけたんたんとした道では変化がない、羅臼側の道が変化があって面白かった」

もうくたばりかけそうになっているのにそう言える余裕があることに私は感心する。18時を過ぎていよいよ闇が迫ってきた。知床は日本列島の東の果てであり、明石の標準時より1時間日没が早いのだ。ついに闇は落ちた。まずいことにヘッドランプを車内に忘れてきた。妻は熊が怖いといって、足が棒になったというのに俄然飛ばし始めた。このエネルギーに脱帽。耐久力では男に勝る女の底力である。

何とか明るみが残るうちに無事岩尾別温泉にたどりついた（18時40分）。歩行約11時間。よく歩いたものだ。「ホテル地の涯」の温泉で疲れた足をほぐした。台風接近のニュースが繰り返し流れる中、新聞社系の登山ツアー客40人ほどの一団が明日の羅臼岳登山の準備に余念がなかった。

（山行日　２００４年８月29日）

第10話　天塩《てしお》岳（1558メートル）

……井上靖が寄せたナナカマドの詩に触れて、天塩岳と旭川は忘れがたい記憶になった

天塩岳は道北の日本海側に天塩山地が南北に走っているので、道北の地の果ての山を想像しがちだが、北見山地に属し、その最高峰である。旭川から直線距離にして50キロほどと意外に近い。地勢的には北見だが位置的には道央に近い。

天塩岳の稜線に立つと赤い実をたわわにつけたナナカマドの鮮やかな群生に目を奪われた。旭川出身の井上靖は旭川開基100年記念式典に合わせて除幕された井上靖文学碑に、市民の木に指定されているナナカマドを称える詩を寄せた。ナナカマドの赤い実は詩人の手になると洋燈《ランプ》になる。天塩岳とナナカマドの街・旭川は切り離しがたい記憶となった。

羅臼岳から下山した後、台風16号をやり過ごし、羅臼岳山行の11時間の歩行で蓄積した筋肉痛が和らいだ9月2日、天塩岳をめざした。登山口への林道は台風直後で落葉が激しく、所々で枝がもぎ取られて落ちている。それがたびたび車の底にからみ速度を上げられない。時速10キロの低速。登山口に着いたのは9時前。旭川市内の宿を早起きして出てきたというのに、羅臼岳のスタートより遅れてしまった。しかし今日の歩行時間は短い、日没になることはまずないだろう。

広々とした駐車場にトイレ、炊事場を備え、三角屋根構造の2階建ての天塩岳ヒュッテはかなり大型だ。ヒュッテの回りに所狭しと薪が積まれている。1階と2階にそれぞれ薪ストーブがあり、薪は自由に利用できるという。内部を覗いてみると有人の営業小屋のようなアットホームな雰囲気が伝わってくる。私が知るかぎり日本中でもっとも快適な避難小屋のように思われる。旭川のホテルなんぞに泊まらずここで一夜を過ごさなかったことを悔やんだ。ヒュッテにはスキー用のストックまで用意され、妻はそれをめざとく拝借した。

車3台が駐車。羅臼岳のように全国に聞こえた山でなく、しかも9月に入った平日だから入山者は少ないだろう、ひょっとするとまったくいないのではないか、と危惧されたが、入山者がいることにまずはひと安心。入山届けを見ると札幌のグループと神奈川県藤沢の人だ。もう1組は届けをしなかったらしい。

この山は前天塩岳〜天塩岳〜西天塩岳の肩〜丸山の周回コースがとれる。回り方はこの順で行く予定だ。車1台が通れそうな幅広の道を行くと、小沢に何カ所もの板橋が架けられている。丸太の組み合わせ程度のものが多い中にあって、なかなか丁寧な架橋だ。登山口の立派なヒュッテは朝日町の手になるものだった。山小屋や板橋にかける町や地元の天塩岳愛好者の熱い思い入れが伝わってくる。

倒木だ。掘り起こされた土が真新しいところを見ると、先日の台風がもたらしたものにちがいない。台風の接近は織り込み済みで、羅臼岳から下山後やり過ごす間私たちは、旭川市内で井上靖記念館や三浦綾子文学館、郊外の美瑛の丘まで足を伸ばして前田真三写真館（拓真館）などを見学していたが、多少の風雨はあったものの平穏だった。が、山間はかなり強風が吹き荒れたらしい。

走ってきた国道の脇に熊出没の情報が出ていた。ヒグマの生息地は知床だけではない。全道一帯がヒグマの生息地である。私たちは天塩岳に登るにあたって、羅臼岳とは比較にならないほど入山者が少ないはずだから羅臼岳以上に熊対策を講じなければならぬと心構えてきた。羅臼岳で響きの悪い妻の鈴に懲りたので、もっと響きのいいものに新調したい。下山後ホテルでも立ち寄り先でも売り場を物色した。しかしどこに置かれているものも、見栄えはいいがブリキ板をプレスしたようなものがほとんどで、ジャラジャラ濁音がするのみだ。見栄えがいいというのは、金ぴかにメッキが施され鈴らしいデザインではあるのだ。それは出発前に大阪市内の登山専門店を物色しても同じことだった。

もっとも人間にとって響きのいい音が熊にどう聞こえるかはわからない。むしろジャラジャラ濁音の方が嫌がり効果的かもしれない。しかし濁音の方が熊除けに効果的だという説をいまだ聞いたことがない。歩きながら私たちも長時間耳にしなければならないのだから、濁音より澄んだ音色の方がよろしい。

偶然入り込んだ知床五湖のレストハウスでついに目的のものを見つけた。デザインは昔ながらの「長崎の鐘」型だ。「リーン、リーン」と風鈴のごとく澄んだ音を響かせた。私が愛用している熊除け鈴より響きがいい。知床五湖はヒグマの生息地域だ。至る所で熊情報の看板が出ていた。あれほど探し求めた鈴にやっと巡り会えたのは、この地が熊対策により熱心だからではないか、と思ったりした。妻はデザインが気に入らず心を動かさなかったが、この際は実用が第一である。一も二もなく買い求めた。

思うに響きのいい音はどんな金属でも出るというものでない。寺の釣り鐘が、鈍くも長く心地よい音色を響かせるのは長年の改良があってのことである。鐘の鋳造の歴史は紀元前にもさかのぼるらしい。銅にアルミを主体に錫やアンチモンなど様々な微量金属が混ぜ合わせれてあの響きがつくり出されている。鈴とてブリキ板を鈴の形状に曲げれば響きのいい音が出るというものではない。澄んだ響きを出すにはこれまた様々な金属が混ぜ合わせられているのだろう。


風音が騒がしく、沢音も激しい。妻が何やら言っているがほとんど聞き取れない。歩きながら耳をそば立て相づちを打つというのは私にとっては苦行である。聞き取れないことはもっけの幸いである。もっとも聞き取れないことを妻に告げておいたが。そうしておかないと「また聞いていない」とたちまちおしかりを受ける。進む先に前天塩岳が見えてきた。かなりの高度差がある。新道との分岐に出る。下山はここに降りてくる予定だ。

沢を離れて少し高巻きはじめた。依然幅広のだらだら坂が続く。道一面におおばこが敷き詰められている。おおばこは少々踏みつけられようが、車の轍の下になろうが、へし折れ枯れることはない。最近はおおばこを見ることも少なくなったが、少年の頃、学校の行き帰り野道を道草しながら、道端のおおばこの茎をとって互い違いにはさむ、引っ張り合いの遊びをやったものだ。懐かしいシーンが一瞬よみがえった。

長いだらだら坂が終わってようやく前天塩岳へ急登がはじまった。標高1000メートルを超えたというのにまだ広葉樹が繁茂している。同じ北海道でも、400メートルでトドマツが混じり、500メートルでハイマツが出てきた羅臼岳との植生の違いに驚かされる。さらに高度をあげると、対山の西天塩岳~丸山の稜線が見えだした。そして前方に天塩岳が見え始めた。風が強く冷たい。オホーツク海のはるか彼方に去った台風崩れの低気圧が風を呼び込んでいるのだろう。冷たい風があふれる体熱を冷やし、快適さを保った。1400メートル付近からようやくハイマツ帯が現れた。ハイマツ帯の切り開きは砕石の急登だ。10センチ角の石ころが延々と続く。たいがいは浮き石だから心して足を運ばねばならない。

「わざわざ敷き詰めたものだろうか」

妻はいう。まさか。多分ハイマツの下も砕石だろう。この辺り一帯が砕石なのだ。なぜ砕石帯が生まれたのか。岩の割れ目にしみこんだ水が氷結すると膨張し割れる。その繰り返しが同じような大きさの砕石となる。多分水がしみこみやすい岩質なのだろう。

天塩岳への巻き道との分岐に出た。天塩岳との鞍部は大分落ち込んでいる。前天塩岳のピークはまだ先のようだ。いつもだったら目指す主峰でもなかったら安直に巻き道へエスケープしてしまうのだが、今日はその気がみじんもしない。妻は地図も見ずに「どっちを選ぶの?」と聞いてきたが、迷いなく直登を選んだ。

彼女は何故地図を見ようとしないのか、かねがね不思議に思っていたが、以前に読んだ「話を聞かない男、地図が読めない女」(アラン・ピーズ、バーバラ・ピーズ共著/主婦の友社)そのものだと思い出した。原題の「男脳・女脳の『謎』を解く」を、実に気を引くようにタイトルをネーミングしたものだ。

数十万年続いた人類の狩猟時代「男は狩りをして、女は木の実や果実を採った。男は守り、女は育てた」。その結果「男は空間認識が発達したのに対し、女は周りに敏感に察知し相手の気持ちの変化をつかむことにたけてきた」という。

確かに私は話を聞くのが苦手だ。妻を見ていると全くの方向音痴だし、地図を見ようともしないし読めない。車のナビの画面が天地逆さまになるとたちまち進路をつかめなくなる。人類の長い狩猟時代に培われた形質がDNAに刻み込まれているとすれば、男と女はこの性差の違いを認めてこそ無用な誤解とすれ違いを少しでも解消することができるのではないか。男と女の性差は古来から様々に語られてきただろう。「話を聞かない男、地図が読めない女」に特徴づけたところに妙な真実さがある。

冷たい風がビュービュー吹き付け、よろめいてしまう。尾根がやせ細ってきた。左手は切れ落ちてきている。あおられると転落の危険がある。風上の右寄りを踏むよう先をゆく妻に伝える。時折腰を落として対風姿勢をとらねばならない。じっと風をやり過ごしていると寒いほどだ。足下は赤い実をつけたコケモモの絨毯だ。一つ二つ口にすると甘酸っぱい香りが口内に広がった。

12時過ぎ、前天塩岳（1540メートル）の山頂に立った。寒さに耐えかねて上着を羽織ろうとするも強い風にあおられて袖を通すにも難渋する。高曇りで陽はなく霞んでいるが視界はある。鞍部をはさんでまろみを帯びた天塩岳が大きい。西天塩岳との緩い鞍部越しに大雪山がぼんやり遠望。

山頂はそこそこに天塩岳に向かう。山頂直下で枯れたハイマツの白骨地帯に出た。これだけまとまった枯れ方は珍しい。酸性雨など環境的影響かと思えたが、下山後山火事跡だと知った。時折雲間から陽射しが差し込み、始まりかけた草紅葉が鮮やかに浮かび上がる。再びコケモモの群生が続く。妻は「コケモモヶ原」と命名した。コケモモは小低木。そのコケモモが下草になって背丈のあるナナカマドが群生。もうすっかり葉を落とした赤い実が一面鮮やかに広がる。これほどナナカマドの群生が見られるのは珍しい。

ナナカマドが旭川市民の木に指定されていることを、羅臼岳から下山後台風をやり過ごすために立ち寄った井上靖記念館で知った。井上靖は旭川開基１００年記念式典に合わせて除幕された井上靖文学碑に一遍の詩を寄せている。

私は一七歳の、この町で生まれ、
今、百歳の、この町を歩く。
すべては、大きく変わったが、
ただ一つ、変わらぬものありとすれば、
それは、雪をかぶったナナカマドの、
あの赤い実の洋燈。

一歩、一歩、その汚れなき光に、
足許を照らされて行く。
現実と夢幻が、
このようにぴったりと、
調和した例を知らない。
ああ、北の王都・旭川の、
常に天を望む、凛乎たる詩精神。
それを縁どる、
雪をかぶったナナカマドの、
あの赤い実の洋燈。

ナナカマドは紅葉するとどの樹木より真っ赤に色づき秋早くから赤い実をつける。しかしその実はまずくて鳥さえついばむことはないという。ちなみに、ナナカマドの名は材が硬く、燃えにくく、七度かまどにくべても燃え残る（あるいは7日間、かまどで焼いて炭をつくる）ことからついた。その赤い実は、降雪すると鮮やかな点景となる。詩人の手になるとその実は洋燈になる。

冬の穂高岳で起きたナイロンザイル切断事故に題材をとった小説「氷壁」は、戦後山岳小説の嚆矢《こうし》である。井上靖の代表作の一つだが、「しろばんば」「夏草冬濤」「北の海」の三部作は、幼少期から青春期を描いた自伝小説の白眉《はくび》である。思い当たる節に一人くすくす笑いこけたものだ。その舞台が伊豆湯ヶ島や沼津だったので、井上靖はてっきり伊豆地方の出身と思い込んでいた。今回井上靖記念館を訪れて意外にも旭川の出身と知った。軍医の父が朝鮮へ従軍することになり、井上靖は両親と離れ、伊豆湯ヶ島の祖母のもとで育てられたのだ。ナナカマドは山地に生育する樹木である。東北や北海道では平地でも見られる。井上靖が寄せたナナカマドを称える詩を知って、天塩岳と旭川の街が切り離しがたい記憶になった。

200メートル近くも下って再びハイマツ帯を登り返し、天塩岳（1557メートル）山頂に立った（13時46分）。来し方の前天塩岳はなかなかボリュームがある。他の3グループと出会わなかったところを見ると彼らも私たちと同じ順路をとったらしい。ようやく北海道の奥深い2山目を踏めた感慨が走る。

強風が戻ったハイマツ帯の切り開きを下ると、再び現れた例の砕石帯に苦しめられる。浮き石に乗らないよう、足首をひねらないように心して下る。平坦になると背丈の高い笹の切り開きだ。振り返ると天塩岳はキュンと端正なピークをもたげた姿に変身している。傍らの遭難碑を見入ると、10回目の追悼登山を記念して建てられたもので、もう45年ほど前、地元の高校生が犠牲者だった。10月中旬のことだからもう雪が来ている頃だろう。寒気が入り込むこの時期の遭難は意外と多い。遭難者は丁度私らと同年代。碑に向かってもう40年も登山を続けられていることに感謝の手を合わせた。

こぢんまりだが立派な避難小屋に出た。ここも朝日町の手になるものかとのぞいてみると環境庁のものだった。西天塩岳は巻いていく。丸山を緩く登り返すとあとは下りだった。前天塩岳も鋭いピークに姿を変えている。前天塩岳はやせ尾根がのびた山容だったのだ。16時過ぎ新道との分岐を通過。この下りは沢音が近づいてから元の道に合わすまでが意外と長かった。17時過ぎ駐車場へ戻ると、3台の車はすでになかった。

（山行日　2004年9月2日）

山岳宗教で栄えた山

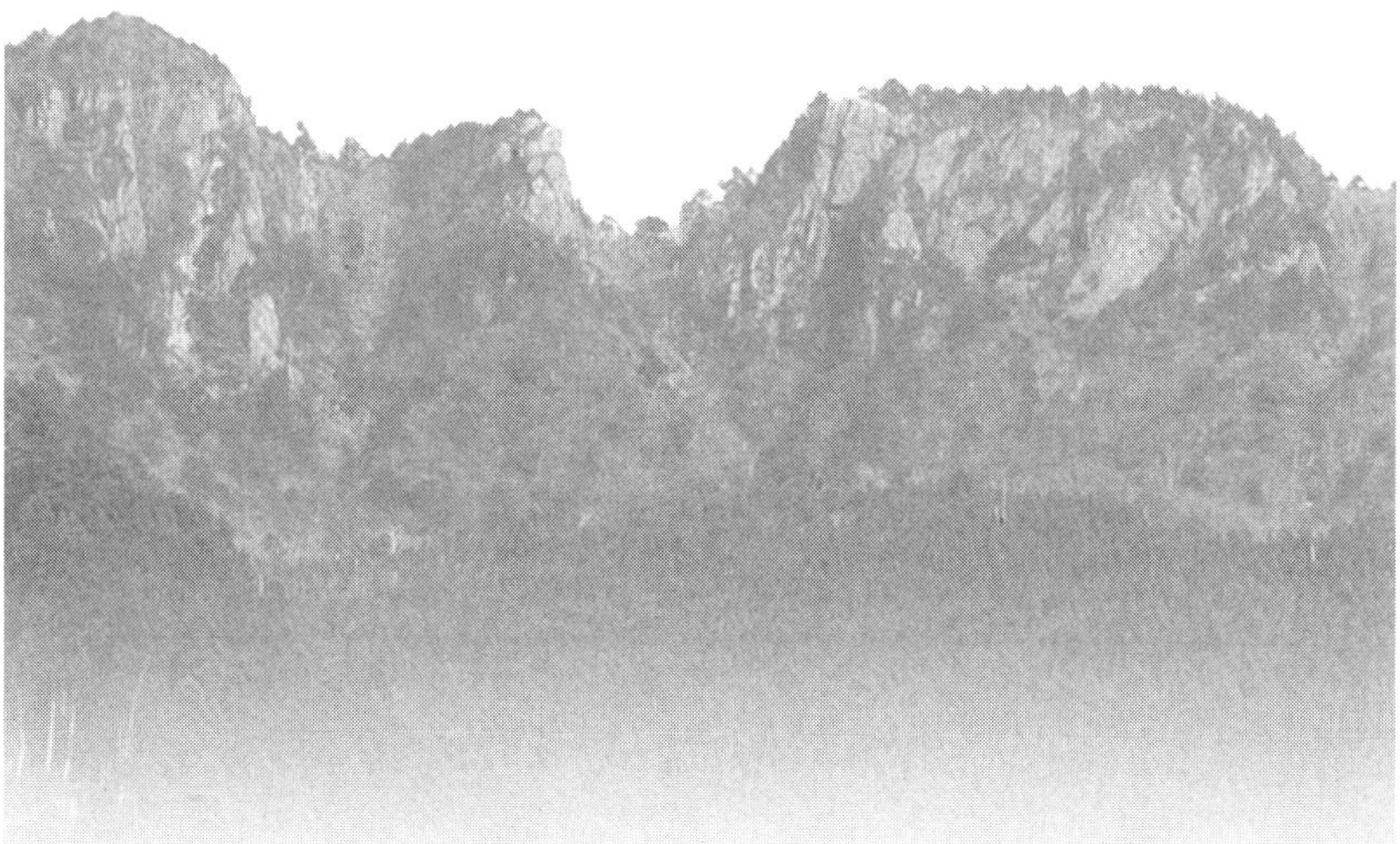

第11話　山上ヶ岳（1719メートル）

……21世紀を目前に女人禁制解禁の動きが伝えられる中、大峰修験道の聖地を登る

山上ヶ岳は役行者《えんのぎょうじゃ》開祖の大峰山修験道《しゅげんどう》の聖地である。1300年続く女人禁制の伝統を今も守り続けている。21世紀を目前にして信仰の名のもとに女性差別が許されてよいのか、女人禁制を解くべきという動きが報じられた——その背景を考えながらまだ残雪深い山上ヶ岳を歩いた。

山上ヶ岳は日本山岳会が選定した三百名山（1978年、深田百名山に日本山岳会が選定した二百名山を加えたもの）には含まれているが、その中から深田倶楽部が選定した二百名山（1984年）からは外されている。女性が入山できない山を二百名山とすることは、深田久弥の登山精神にはふさわしくないと判断されたのだろう。

3月12日早朝、昨夜来の雨が残る中、明けやらぬうちに自宅を出発。洞川《どろがわ》（奈良県吉野郡天川村）への入り口となる下市から山間に入ると、わずかに青空さえ見え出した。洞川への道は久しぶりのことである。しばらく大峰山系に足が遠のいていた間に、新しいトンネルが完成し、洞川がさらに近くなった。

「下市から早くなりましたね」

下山後立ち寄った河合交差点の食堂主に声をかけた。

「トンネルの完成で10分ほど短縮された。さらに新しいトンネルが開通するよ」

店主は誇らしげである。橋やトンネルができることは、山深い山間に営み続ける住民には限りない希望である。不要不急、無駄な公共事業は排さなければならないが、生活密着の公共事業が軽んじられてはならない。

店主は洞川付近のキャンプ場や村興しで掘った温泉のパンフレットを手渡してくれた。下市から洞川まで25キロの道のりがある。車のない時代、徒歩の峠越えは丸1日がかりだった。私が大峰山系に通い出した頃、車の行き違いも困難だった旧道は1時間ほど要したが、今では数十分になり、さらに短縮されようとしている。

標高800メートルの高所にぽっかり開けた洞川の町並みを抜けると、日本百名水に選ばれている「ごろごろ水」に出る。下山してからこの湧水に立ち寄ると、毎月大阪から汲みに来るという夫婦連れが、沢山の大型のポリタンクに湧水を詰め込んでいた。

「3カ月は持ちます」

喜々として話しかけてくる。地中奥深くまでしみ込んだ湧水は、不純物だけではない、雑菌はもちろんのこと有機物までろ過されているのだろう。雑菌は外気に触れれば容易に付着する。しかし有機物がないため雑菌も繁殖できないのだ。

洞川の町並みに「ごろごろ水」の名水を利用した食品のコピーが目につく。洞川は大峰講の参詣や林間学校の集客による宿泊と林業を生業とし、陀羅尼助《だらにすけ》を特産品としてきた。僧侶が読誦するときに口に含み、睡魔を防いだという陀羅尼助は、きはだの生皮やせんぶりの根などを煮詰めてつくった乾燥エキス剤。独特の苦味があり、腹痛・整腸に効能があるという。いずれにしても山岳宗教がらみの生業である。単一の産業がその地域社会発展の障害になることは歴史が証明している。その洞川も大峰講がらみの単一産業から、「ごろごろ水」を利用した特産品を新たに売出し、温泉を掘りキャンプ場を整備し、村起こしの多角的展開を試みているように見える。

その後、日本百名水に選ばれた「ごろごろ水」は人気を集め、辺りは名水採取の車で混雑を極めた。洞川の財産区は有料駐車場を整備しそこへ引き水した。事実上の名水有料化である。しかし一定間隔に空けられた塩ビ管の穴から採取するというのは味気ない。

洞川の細長い町並みを抜けると道端に残雪がちらほら見かけられる。大峰大橋の駐車場にはシャーベット状の残雪がわずかに残る。数日前冷え込んだ時に降ったものだろう。山上ヶ岳に連なる尾根の杉林はまだ陽が射し込まず、黒々しいまでの山腹をみせ、まだらに残雪をつけた黒と白のモノトーンの世界だ。洞川の町並みよりさらに入り込んだこの辺りはさらに標高は高い。暖冬だとはいえ、これくらいの高度になれば残雪が現れてくるだろうと予測はつけてきた。振り返るとガスがどんどん取れていく。天候は回復の兆しだ。ためらいなく登ることを決断。休憩所のシャッターも下りたままの、まったく人気のない駐車場で身支度をする。

8時過ぎスタート。大峰大橋を渡ると墓石のような石碑が林立している。各地の大峰講が参詣した記念碑だ。圧倒的に多い関西の在所のなかにあって遠方のものが混じる。その最奥に「女人結界《にょにんけっかい》」

と大書した門が建つ。この結界門は吉野側からの入り口の五番関にも、稲村岳側からの入り口のレンゲ辻にも、大普賢岳・柏木側の入り口の阿弥陀ヶ森の分岐にも建つ。山上ヶ岳は今もなお女性が立ち入ることを拒み続けている。かつては石鎚山や八海山、富士山、月山など山岳信仰が盛んだった山は押しなべて女人禁制だったが、今日も禁制を続けているのは岡山県の後山と山上ヶ岳だけである。もちろん宗教上の慣習で法的根拠はない。

その禁制が2000年には解く方向で検討が始まっていると昨年来報じられた。21世紀を目前にして、信仰の名のもとに女性差別が許されてよいのか、女人禁制を解くべきだという世論に押されてのことだろう。意外に思われたのは大峯山寺側が禁制を解くことに積極的なのにたいして、信徒側が消極的だということだ。山岳信仰は一般に激しい修業や精進によって験力《げんりょく》を得、自然界と一体になろうとする傾向をもつ。女性の入山はその妨げになるというのがその理由だ。彼らは女人禁制を保つことで1300年続いてきた伝統を守ろうとする。むろん信徒側は解禁反対の一枚岩ではない。洞川旅館組合が行った宿泊信者へのアンケートでは、反対と賛成は6対4の割合だったという。

一方寺側が解禁に傾いているのは、世論に押されていることはもちろんだが、女性の信者の増大を見込んでいるように伺える。山上ヶ岳の南隣の稲村ヶ岳もかつて女人禁制だったが、戦後解禁され「女人大峯」と呼ばれ、女性はそこから山上ヶ岳を奉拝している。寺側はその女性信者の参詣増加を当て込み、寺の経営を安定させようという経済的事情が解禁の動機にあるのだろう。

一般に宗教は教義の体系化と絶対化、その象徴である巨大なシンボル施設の建設、僧集団の巨大化が避けられないが、山岳宗教はそうした傾向が比較的希薄だった。そうしたなかにも寺を維持すべき経営対策が必要になってきたと思われる。
しかし大峰講の信徒らの女人禁制解禁の根強い反対は、寺側の開放方針を白紙撤回させたとも報じられた(1998年4月18日付「朝日」夕刊)。寺側は結界門にあらためて女性立入禁止の立て看を据えた。

その年の晩秋、私は前泊した和佐又ヒュッテから大普賢岳に登り、長丁場の柏木道を下った。山上ヶ岳への分岐の阿弥陀ヶ森に建つ「女人結界門」は、大峰大橋のそれよりずっと小型である。その脇に置かれていた立て看板を覗き込んだ。

お知らせ　平成九年一〇月に一部の報道機関等により大峯山の女人禁制が然も解禁のごとく報道されましたが、この件につきましてはこれら報道機関関係の一方的な報道によるものであり大峯山としては決定も発表もされていません。大峯山は今まで通り女人禁制でございますのでこの事を遵守されますよう申し上げます　大峯山寺

一昨年来禁制解禁に傾く寺側と、禁制存続を主張する信徒側との確執がマスコミよって報じられた。関係者への取材なしに報じられたとは思われない。寺側の敗北宣言である。この立て看板は従来から建てられていた「女人禁制」と赤字で大書されたものに追加されたものだ。

この霊山大峯山の掟は宗教的伝統の従って女性がこの門より向こうへ登ることを禁止します
大峯山寺

従来からの立て看板にはそう記されている。

この禁制文は主語を掟に置き、それを寺が宣言するという形式をとっている。女人禁制は役《えんの》小《お》角《づぬ》の開山以来１３００年も続いてきた慣習である。しかし寺が禁制を強いるのでは、男女平等の理念が当たり前の時代に逆行している。その誤解を避けるために女人禁制が宗教的慣習＝掟であることを印象づけているのだろう。

英文も書き添えられている。女人禁制が異文化の言葉ではどう表現されるのか関心があって書き写した。

No Woman Admitted Regulation of this hollymountain Ominesan prohibits any Woman from Climbing farther through this gate according to the religous tredition.
Ominesanji Temple

女人禁制解禁の動きはその後伝えられていない。２００４年７月「紀伊山地の霊場と参詣道」が世界文化遺産に登録されて大峰山系の山並みにも外国人登山者を見かけるようになった。

日本の山は四季を彩る自然景観においても、歴史と文化においても、登山道の整備と安全面においても近年国際的注目を集めてきている。それだけに近い将来山上ヶ岳の女人規制解禁論議が再燃することだろう。

気味悪いほどにうす暗い杉林をくぐり、落葉を踏みしめひと歩きで一ノ世茶屋に着く。茶屋といっても峠の道端にぽつんと建つ牧歌的な茶屋ではない。登山道が茶屋の中を通り抜け、登山道に茶屋が覆いふさぐように建つ。この先の茶屋はすべてこのような構造だ。登山道を通す茶屋の中は両サイドが腰掛ける座席になっており、今は降りているシャッターの中は、飲み物や陀羅尼助などのみやげものなどが並べてあるのだろう。しかもこの先の洞辻茶屋にいたっては40メートルもあるとのこと。まるでトンネルだ。参詣者はすべて茶屋の中を通過しなければならない。がめついというべきか、親切というべきか。山上ヶ岳の戸開けは5月初旬。シーズンオフの今はまったく人気がない。山伏装束は被髪《ひはつ》に兜巾《ときん》を戴き、篠懸《すずかけ》と結袈裟《ゆいげさ》を着け、笈《おい》を負い、金剛杖をつき、法螺《ほら》をもつ、日本の装束文化史のなかでも特異なものである。私は山伏装束や白装束の一般参詣者らに招きのかけ声がとびかう雑踏光景を想像した。

休憩するにはまだ早い。先行しているT男さんは休憩も取らず歩き続ける。ここからは枝稜の北側の山腹をたんたんと巻きながら緩く高度を上げていく。実に歩きやすい。稲村岳の登山道も忠実に山腹を巻き、たんたんとした登りやすい道がつけられている。そればかりではない。崩れ落ちているところには手すりがつけられ、要所要所に格子状の鉄板が敷いてある。鉄製の階段も整備され尽くしている。これだけ整備され尽くしていると、登山を目的にするには面白味が失われる。しかしこの道は大峯山寺の参道なのだ。講を組んで参詣する人はかならずしも山歩きに慣れているわけでもない。山上ヶ岳は1700メートル。そこそこ高度を有する山である。それだけに登山道の付け方や整備により安全が期されているのだ。

入り口ではガスがとれ始めたかに見えたが、1時間ほど歩き、最初の休憩を取った一本松茶屋をすぎると、回復に向かうどころか霧雨さえ降りだした。吉野に通じる北側の尾根もガスに煙って見えない。「お助け水」の水場を過ぎた辺りから積雪は20～30センチに増して歩きづらくなる。新しいものではないが踏み跡は残されているし、ルートを見失うことはない。

ジグザグを切るようになり、ガスに煙っていた北側の尾根が迫ると洞辻茶屋は近い。洞辻茶屋から尾根を踏む。間を置かずダラスケ茶屋が続く。この先からは細まった尾根が鮮明になる。獣の足跡に丸みのある糞が点々と続く。足跡の形状や糞の大きさからみて多分鹿の類だろう。ガスが充満し、白い闇に針葉樹の巨木だけが目に入るだけである。その大きな針葉樹の生え際が無残にも引き剥がされ、青白い樹肌を見せる。

引き裂かれた幹には鋭い爪跡が残る。樹肌の真新しさからみて最近のもののようだ。樹皮が引き剥がされる現象は大台ヶ原でも大規模に見かけられる。引き剥がす主は鹿だ。分厚い樹皮は水分の蒸発を防ぐシェルターの役割を果たしている。これだけ剥がされたら立ち枯れてしまうだろう。

その先はヤセ尾根の岩場に様相が一変する。鐘掛岩にはじまり西ノ覗まで岩場が連続する。しかし手すり付きの木製階段が巻き道としてしっかり設けられている。積雪は50～60センチに増してきたが、階段の一部は顔を出している。スリップに気をつけて踏みはずさないようT男さんに声をかけ、慎重に登る。顔を出している木製の階段は凍結していないものの雪解けで濡れている。濡れた木面は横滑りしやすく気が抜けない。が、この程度の雪の状態なら下山の際もザイルの出番なしで下れそうである。難所の岩場を越すごとに講の記念碑が所狭しとばかりに建つ。ここが大峰山修験道行場の核心部である。

仏教が伝来する以前から、自然界を信仰するシャーマニズムはあった。自然界、とりわけ山岳は格好の信仰の対象だった。修験道はそういう山岳信仰がその後伝来してきた仏教や派生した宗派と結び付いたものである。修験道は平安時代に体系づけられたといっても一定の教義にもとづく唱題によるものではない。もっぱら山中を駆けめぐり、厳しい修行によって験力を獲得すること、護摩などの儀礼が中心である。だから修験道にとって山は信仰の対象であるばかりでなく、何より行を積む場でなければならない。そのためには一定の険しさが必要である。鐘掛岩から西ノ覗にかけての岩場はその格好のフィールドを提供している。

西の覗はロープで縛られた身体を逆さに吊るし、「親の言うことを聞くか！」「早く寝るか！」「勉強しっかりするか！」「来年も大峯山に登るか！」と、掛け合い問答が行われる行場である。このシーンは戸開けの頃によく放映される。

大峰山系の最高峰は1900メートル超えの八経ヶ岳。1800メートル超えの弥山も山上ヶ岳より高度もあり、山容も整いなかなかボリュームのある山容である。山上ヶ岳はといえば南隣の稲村岳から眺めると、だらだら平坦な山頂部をいただく山容は貧相ですらある。しかし弥山も八経ヶ岳も修験道行場の中心地たりえなかったのは、それなりの険しさを有する岩場がなかったからだろう。一方山上ヶ岳の南側に位置する大普賢岳は、大峰山系に珍しくアルペンチックな岩峰を連ねる。しかしお堂や宿坊、祭事場を確保する平坦地がない。

信仰の対象として多くの信徒に登られる参詣道としてはやさしく、整備され尽くされていなければならないが、行を積む場としては険しさを備えていなければならない。その相反する二つの要素を兼ね備え、平坦な山頂部を有する山上ヶ岳が大峰修験道の聖地たりえた。

岩場を越えると、小さくアップダウンする稜線が続く。積雪は1メートル近くに増え、先を行くT男さんは踏み抜き、腰まで潜ることもしばしばである。いつものことながらそれほどに体重のない私は彼の数分の1程度の踏み抜きにとどまる。アルバイトを余儀なくさせられる割には歩が進まず、激しい息づかいが伝わってくる。

「気温が低いときは小刻みに休憩をとり、大汗をかかず身体が冷えないようにするのがコツですよ」

そう声をかけたが、彼はさほど休みをとろうとはしなかった。踏み跡が稜線を外れ、小高い稜線上に宿坊が並び、山門をくぐると大型のお堂が雪に埋もれている。足の取られる急坂を登りきると、山頂広場に見覚えのある本堂が現れた。残雪に難渋した分、コースタイムを若干上回って12時前に着く。霧のような雨は降りやまず、私たちは本堂の庇を借りて昼食をとった。気温6度。もう少し気温が下がっていたら雪になるところだろう。冷えを感じて昼食もそこそこに腰をあげ、下山。

次の機会には登山の対象としてでなく、参詣者あふれる、もっとも山上ヶ岳らしいシーズンに登ってみるのも面白いかも知れない、と思いを巡らせながら残雪をクッションに快適に下った。

（山行日　1998年3月12日）

第12話　飯豊山《いいで》（2105メートル）

……雄大な連峰をなす飯豊連峰の名を耳にしてから33年目にして飯豊山に

飯豊連峰は大きな連峰をなし、谷には遅くまで雪渓が残る。折角飯豊山に登るからには、早い時期なら白馬大雪渓を上回るといわれる石転《いしころ》び雪渓を登り、縦走することにこそ醍醐味がある。前回この雪渓を登り北股岳～大日岳～飯豊山～三国岳を縦走する予定で出かけたが、思いもよらぬトラブルが起きて稜線間近くまで登りながら撤退せざるを得なかった。

その飯豊山に妻と登ることになった。50代半ばの彼女の体力、体調を考えると山行は2日間が限度だ。縦走の夢は他日を期したい。

かつて山岳宗教で栄えた飯豊山はその山麓に名残りをとどめていた。

前夜、JR磐越西線徳沢駅から20数キロ山間に入った弥平四郎の「大阪屋」に宿を取った。弥平四郎という地名にも、「大阪屋」という奥深い山中の宿名にも興味がそそられた。しかし宿への到着が遅れたうえに、あまりにも度肝を抜かれる「大阪屋」の出来事に、その由来を質することさえはばかれた。

光々と灯明が灯された仏間での夕食、いきなり出された熊肉の刺身、仏間をふすまで隔てた大部屋での雑魚寝《ざこね》、山中のこととて冷え込むであろうにシーツのような掛け布団たった一枚。それだけではない。壁と梁より1メートル数十センチは高い天井の大部屋の鴨居に、先祖代々引き継がれてきた家宝ともいうべき品々――書、刀、面、小判、それに何代もの先祖の写真――が所狭しと張り巡らされていた。

思いもよらぬ雑魚寝とは、表に大書された「旅館・大阪屋」におよそ似つかわしくもない。彼らの日常に身を置くことになった私たちは、しばしカルチャーショックに襲われた。

8月14日早朝、薄っぺらな掛け布団1枚に冷え込みを感じて眼が覚めた。妻は夜半に起き出して上下を着増したという。寝不足のままにうとうとしていると、いきなり読経の大音響に睡魔が打ちのめされた。読経は仏間のラジカセから流されていた。

「これが『大阪屋』さんのモーニングコールなのよ」

妻は事もなげに言ったが、読経に続く説教が終わるまで延々30分も続いた。モーニングコールにしては長すぎる。雑魚寝の大部屋の誰一人、これが定めとばかりにじっと布団に身をしずめ、息をひそめて神妙に朝食を待った。

飯豊山は信仰登山が盛んだった。読経はその名残りだろう。翌日私たちが下山の際にも白装束姿の修業者に出会った。恐らく「大阪屋」は代々信仰登山者をひっそり迎え入れてきた宿だったのだろう。

頼めば「大阪屋」は登山口まで送迎のサービスも行っているとのことで、本山小屋泊まりという母子と思しき3人組が宿の車で送られて行った。私たちはレンタカーの腹を何度かこすり、補償を要求されはしないかと、少ない持ち金を心配しながら、数キロの地道を走って登山口まで入る。この車道のお陰で1時間余り短縮される。駐車場には数台の車がすでに入っており、身支度しているうちにさらに数台が入ってきた。

飯豊山の福島県側登山口のメインは川入口である。弥平四郎口にもそこそこ入山者があることにほっとして、7時20分取り付く。一旦沢に下ってから、うっそうとしたブナ林に刻まれた土踏みの山道を行く。朝から快晴の強い陽射しは深いブナ林にさえぎられ、緑陰のプロムナードだ。20分ほど歩くとブナ林に抱かれた大型の小屋が現れた。西会津町営の「祓川山荘」(無人)だ。妻が覗きに行くと男がまだ眠っていた。前夜にたどりつき、十分睡眠をとって翌朝快適にスタートを切るにも、また予期せぬハプニングに下山が遅れても安心できる小屋だ。腰を下ろして肥え太りすっくと伸びるブナ林にほれぼれ眺め入る。

尾根の山腹を忠実に巻くたんたんとした土踏みの山道が続く。

嬉しいことに人手になる階段はまったくない。岩踏みも根張りも少ない。今回は妻の分を含め、水に食料、寝袋などで久々にリュックは重荷だ。彼女が担ぐものは着替えなど身の回りのものだけにとどめた。軽装に馴れきった身体には少々重荷が堪えたが、快適な山道が荷の重さを和らげてくれる。妻が要求するたびに休憩を取り、私たちはマイペースで登る。1000メートル辺りからダケカンバが混じるほどに高度をあげてきた。快晴だった空もあっという間にガスにつつまれ、冷気に浸って快適に歩を進める。何の変哲もないところに立つ「十森」の標識を過ぎ、枝稜線へ出る手前で先行していた「3人組」に追いついた。彼らは私たちが泊まりを予定している切合《きりあわせ》小屋からさらに2時間を要する本山小屋まで入ると言っていたのに、こんなゆっくりペースで果たして大丈夫だろうか。

松平峠には10時前に着いた。コースタイムに近く、思っていたより私たちは早いペースである。日頃山歩きをあまりしない妻の足取りが心もとなかったが、これなら歩き通せそうである。しかしここからはヤセ尾根の猛烈な急登が続いた。見るからに稜線へ一気に突き上げている。等高線を読むと標高差300メートルはありそうだ。昨夜同宿の下山者から「あごの出る胸突き八丁の急坂」と耳にしていたので心の準備はできていたが、これほどの急登だとは地図から読み取れない。樹相が一変して灌木の低木となり、悪いことにガスが途切れて陽射しが戻ってきた。

私たちと相前後して登っているグループがたびたび休憩。「きつい。暑い。まだ続くのか」が合言葉となり、途中からはそれぞれがもう疲労困憊の体だ。「3人組」の母子が2人組になっていることに気づき、不思議に思って声をかけると、男の子が不調で峠まで何とか頑張ったが下山したとのことだ。山で不調者が出たとき単独で下山させるのは山の道理に反すると思えたが、高校生ぐらいの年頃だし1人で下れる程度の不調だったのだろう。

1時間を超える急登の奮戦の末についに疣岩《いぼいわ》山分岐に出た。ここから主稜線の峰々や飯豊連峰の最高峰・大日岳の大展望が望めるはずだが、一面ガスに阻まれ、わずかに三国岳に続く種蒔山辺りの視界が得られるだけだ。それでも雄大な飯豊連峰の片鱗がうかがえる。私たちはもう主稜線とほぼ同じ高度に出ていた。しかし三国岳まで結構緩いアップダウンを繰り返さねばならない。灌木《かんぼく》が切れて今しがたたどってきた急登が見下ろされた。

「45度はあるのでは」

妻が驚きの声を上げたが、見かけは相当の勾配に見えても45度ということはありえない。その角度なら見下ろせば真っ逆さま、もうクライミングの領域になる。急登ではあったがせいぜい30度ぐらいではなかったか。大汗をかいた身体に涼風が吹き付け得もいわれぬ心地がよぎる。

赤い屋根の三国小屋には12時過ぎに着いた。川入コースからの登山者を合わせ小屋回りはうんとにぎやかになった。さすが東北の名峰・飯豊山のことだ。「大阪屋」で作ってもらった弁当のおにぎりでランチタイム。おにぎり弁当がめずらしくうまい。だいたい山の弁当といえば梅干しと塩昆布にやたら飯ばかりが多いものと相場が決まっている。その弁当をぺろりと平らげる若者を恨めしく横目で眺めたものだ。食べ残すことが多い私には山の弁当にいい思い出というものがない。ところが絶妙の塩加減の海苔巻おにぎりに、塩揉みのきゅうりと甘みのきいたミニトマト、それに煮抜きの卵までついていて食が進む。

「うまい。うまい」

私は連発した。

「腹が減っているからよ」

またまた妻は事もなげにいう。たかがおにぎり弁当というなかれ。心尽くしの弁当作りに信仰登山宿の「大阪屋」の伝統が生きているのだ。旅館らしくもなく、度肝抜かしの「大阪屋」の悪印象は、弁当のうまさで一度に吹き飛んだ。

切合小屋までの主稜線はほんのひと歩きに思われたが、意外にもヤセ尾根の岩場のアップダウンがこれでもかと続き、うんざりしてくる。鎖場も出てきた。もう大分歩いたと思われるのに、切合小屋まで3キロのうちまだ1キロの標識が現れたりしてがっかりする。疲れてくると時間の経過の割りに歩が進まず、激しいアップダウンに距離の稼ぎがはかばかしくない。飯豊連峰といえば雄大かつ伸びやかな稜線。それはどこにいったのか。西側から絶えず吹き付けるガスが先の見通しを妨げた。狭い岩場で休憩を取るグループも心なしか口数が少ない。種蒔山に着き、切合小屋まであと1キロの標識が現れると、ようやく伸びやかな稜線になった。これぞ待ちに待った飯豊連峰の真骨頂だ。

「マツムシソウの群生がありますよ」

三国小屋で見かけた中年女性が弾んで指し示した斜面に出ると、ガスの切れ間にハイマツ混じりの白い砂れきの広々とした尾根が広がった。上部はガスに隠れているがその背後に大きな山体が迫っていることが伺える。切合小屋に入ったのはまだ余裕のある15時過ぎだった。

こぢんまりした切合小屋は食事のサービスが得られる貴重な小屋だ。

「1人2合の米を持ってきてください」

予約の電話を入れた際そういわれた。

「持たない場合はどうなりますか」

「沢山なら困るが2人だけならまあいいでしょう」

その場合は料金が加算されるのだ。事前に問い合わせていたので、受け付けのときに「米は持ってきたか」と問われて驚きはしなかったが、米持参は信仰登山が盛んだった頃の名残りだろう。

噂に聞いている雄大な飯豊連峰が気になる。ガスは取れていないか、何度かカメラをもって外に出てみたり、昼寝をむさぼったり夕食まで時間をつぶしていると、「稜線の他の場所に水場はありますか」とか、「小屋前の水は飲めますか」とか登山者が次々小屋主に問い合わせてくる。

「小屋前まで水を引いているのは、ここと他に1カ所あるだけだ」

小屋主は自慢気にいう。私たちが入った頃には空いていた小屋も、日没近くには適度な満員になった。混み合うというほどでもなく、いわば余裕のある満員である。小屋前の広場で繰り広げられる自炊派の夕食は、豊富な食材を使った豪華版だ。私たちはそれを横目に切合小屋の夕食にありついたが、手作りの定番カレーはそれなりにうまい。担架力が落ちている私たちには有り難い有人小屋である。

15日早朝、夜も明けきらぬうちから外に出て天候を確かめ、シャッターチャンスを待つ。星の輝きは見えず高曇りに雲海が発達。雲海をはさんで昨日見えなかった大日岳をはじめ、いくつかの大きな雪田をいただく主稜線がくっきり見え出した。

6時前私たちは身の回りだけを持ち、軽装で飯豊山頂に向かった。気温の上昇とともに目に見えるほどに雲海のガスが動きはじめた。東側の眼下に望む山稜を越えて、スローモーション動画のように落ちる滝雲の現象が見られる。急がなければ主稜線にガスが上がってくる恐れがある。ひと登りで飯豊山本峰がはじめて望まれる草履塚に立った。そこからは大日岳、御西山など2000メートル級のたおやかな山稜の大展望である。草履塚というのは多分、信仰登山が盛んだった頃、これから本峰に取り付くにあたって草履をあらためた、古い草履が塚のように積まれたところだろう。

いったん姥権現と名付けられた最低鞍部に降り立ち、いよいよ本峰への登りである。御秘所の岩場は難なく過ぎて、ゆったりした山腹に縦横に付けられた踏み跡をたどる。空身に近い軽装だけにピッチが上がり、大きな山体を見上げるほどだったピークがぐんぐん近づいた。三国小屋方面を振返ってみると、稜線をガスが越え始め、足下の雲海のガスが斜面を駆け登ってくる。

「ガスが駆け上がってくるのと競争だ。飯豊連峰は雄大な主稜線を眺めてこそ値打ちがある。それが望めなかったら悔いを残すよ」

私は妻をせかした。

下から大きく見えたピークは、一の王子と呼ばれる山頂台地の一角で、飯豊神社と本山小屋のあるピークは、凹地をはさんで奥の高所にある。神社のピークに立つと北側の北股岳に至る主稜線の一部がはじめて望まれた。そして目と鼻の先に飯豊山と大日岳が釣り合いよく並んでいる。

飯豊本山山頂(2105メートル)には8時過ぎに立った。十数人が陣取り、これまでの静かなピークと違ってなかなかにぎやかだ。そのにぎやかさは東北随一の連峰をなす奥深い飯豊山の頂きに立った喜びである。直射光は高雲に遮られ、暑くもなく寒くもない。風もない。月山や吾妻山などは遠望がきかないが視界はまあまあだ。発達した雲海は余分な斜面を捨象し、雄大な連峰を浮きだたせるために沸き上がってきたかのようである。東北地方は冷たいオーホック高気圧に支配下にあり、太平洋側はヤマセが吹いて低温と濃霧に悩まされているが、内陸部はガスがとれ、ことのほか涼しい。事前の不順の天気予報はまったく外れた。

「こんな恵まれた山頂は滅多にない」

誰からともなくそんな言葉が思わず口に出た。緩く穏やかな広い主稜線が延びる御西岳の奥に孤高の大日岳がピークをもたげている。その途中から派生した稜線が北股岳へつながり連峰をなす。振り返ればたどってきた三国岳への稜線もすでに長い。この連峰の雄大さを眺めることで飯豊山登頂の目的は十分達せられた。

ワンゲル部に入部した18歳の時はじめて飯豊山の名を耳にして以来、33年ぶりに頂きを踏んだ感慨にふける。飯豊山の名は、その数年前先輩が夏合宿の飯豊連峰縦走中に死亡したことと結びついている。疲労による衰弱死だった。先輩たちはその死を「しごきだ」とは決していわなかったが、当時大学の山岳部やワンゲル部で、過重な荷物、過度な歩行にくわえ、上回生によるいびりによる死亡事件が相次いだ。疲労困憊《こんぱい》でも歩行を強制することそのものが「しごき」として社会問題になった。当然山岳部やワンゲル部はその後急速に学生から見放されていく。私らも上回生からいびられることこそなかったものの、過重な荷物、過度な歩行はざらにあった。30キロ前後の荷を担がされたことはしばしばで、当時50キロを割り、やせ細っていた私は一旦腰を下ろすと自ら立ち上がることができなかった。

先輩たちは毎年8月、追悼登山を行っていた。私は死を余儀なくさせられた先輩とは一面識もなかったが、語り継がれたその死は、飯豊山の名を忘れがたく脳裏に焼き付けている。思いついて4年前の夏、早い時期なら白馬大雪渓を上回る長さといわれる石転び雪渓から入山した。稜線直下の雪渓で腰を下ろしていると、相方のリュックがころりころり、スローモーション動画のように雪渓を転がりだし、ついには視界から消えた。思いもよらないトラブルに撤退を余儀なくさせられただけに、33年目の思い入れ深い頂きから飯豊連峰を飽かず眺めた。

山頂の登山者は主稜線を北股岳方面に向かって行く人たちがほとんどである。飯豊連峰は縦走してこそ醍醐味がある。それを果たせないのは残念の極みだが、私たちは和やかな山頂を後にして引き返した。7月の山行で膝を痛めた私はいつにも増して慎重に下る。まだ午前中とあってどんどん登ってくる。圧倒的に中高年が多い。ガスはさらに動きを早め、稜線をめがけてかけ登ってくる。姥権現の鞍部に下り着いたときには、大日岳にガスがかかりはじめた。そしてついには私たちがたどる稜線もガスに覆われはじめた。切合小屋に戻り(11時20分)、昼食をとると、食料と水から解放されたリュックは見違えるように軽くなった。三国小屋までのヤセ尾根は往路と同じくガスのなかである。三国小屋を過ぎて正午を回っても登山者は途切れない。

あの嫌な急坂を下り、松平峠を過ぎてくるとさすがに妻も疲れてきた。ここまでくればもう急ぐことはない。たびたび休憩をとりながら駐車場に向かった。

(山行日　1997年8月14~15日)

ちょっと吹聴したい故郷の山

第13話　白山（2702メートル）

……雲海はまるで生き物のようにうごめき、ナイアガラの滝のように滝雲は落ちた

白山は福井県嶺北に生まれ、いつも白く輝く高峰を遠望しながら育った私にとって、心象の山である。その心象の山を様々な時期、ルートから登っておきたい。

一般に梅雨空の登山は雨にたたられ、蒸し暑いから敬遠される。しかし経験則からいえば梅雨空の雲は低く、雲海を突き抜ければ快晴の山が待っている。

今回の山行はその予測が見事に的中した。御前峰に立つと眼下の雲が生きているかのように波打ち、別山への稜線をガスが越えるナイアガラの滝のような滝雲に遭遇した。

白山を「はくさん」と呼ぶのは近代以降の呼び名で、それ以前は「しらやま」と呼ばれた。「しらやま」と呼ばれるほどに白山は夏から初秋をのぞき真っ白に望まれる。平安時代には「越の白山《しらやま》」は都人にとって、あこがれの山だったようだ。当時一流の歌人たちの歌に、白山が詠まれている。

君がゆく 越の白山 知らねども 雪のまにまに あとはたづねむ（大江千古／古今和歌集）

わが母校の高校校歌「みどり葉」にも「越の白山」の一節が出てくる。ただ母校名は「高志《こし》」。「高志」が「越」より古い呼び名であることは「木ノ芽峠」の項で触れた。

6月12日朝、市ノ瀬ビジターセンターで登山届けし、係員に登山情報がないか尋ねる。

「昨日は午後から晴れ、秋の日のような爽やかさで夕陽がきれいだった」

教えられた情報板には室堂センターからのメールがプリントされている。今日の天気予報は午後から曇り、夜半に降りだすが明日は回復とのこと。大きな崩れはなさそうだ。

一走りで別当出合。路肩に駐車の車列が続く。それどころか少し下がったところにある駐車場までも満杯。もう一面下がりようやく空きスペースを見つけて駐車。まだ残雪多い梅雨時にこんなに入山者があるのかと驚いてしまう。あとで分かったことだが、昨日室堂で泊まった人と日帰りの登山者の車が重なりあっていたようだ。

念入りに身支度して8時30分スタート。いささか遅いスタートだが、今日は室堂小屋泊まり。のんびり登っても午後3時までには着くだろう。高曇りで暑くも寒くもなし。気温14度。絶好の登山日和だ。Tシャツに薄手のベストの出で立ち。駐車場を抜けてひと歩きで別当出合に出た。以前来たときと辺りの様相が異なる。果て何が起きたのだろう。案内板には大規模な土石流が発生し、別当谷に架かる吊り橋が押し流され、少し上流に付け替えられたと説明されている。納得。

吊り橋の前に「霊峰白山登拝道」の石柱が立ち、大きな鳥居をくぐる。吊り橋から甚之助谷を望むと、見下ろしても見上げても延々と砂防堰堤が続く。砂防の堰堤工事は山体の崩壊が激しい白山から始まったといわれる。火山の噴出物が堆積した白山は、山体の崩壊が激しいのだ。別当谷と甚之助谷の間にこんもりした尾根が見える。砂防新道はこの尾根を登っていく。歩き出しからブナが混じるオール自然林。その新緑のシャワーを浴びる。登山口から一切人工林がないというだけでも白山の登山は魅力だ。

登山道はよく整備されていて歩きやすい。ワンピッチで一息入れていると、70代半ばと思しき男がやって来た。超スローペースだ。

「上まで登るのですか」

「12時まで登ってそこから引き返す」

ピークに立つことにこだわらず、引き返す時間を決めて登るというのは年齢に合った登り方だ。私もあと4年余で70歳の大台に乗る。生きている限りいつまでも山とスキーを愉しみたい。こういう山の愉しみ方を覚えておこう。

早くも初めての下山者に出会う。時間的にいって小屋泊まりの人たちだ。

「上の天候はどうでしたか」

「高曇り。視界はありました」

期待を持たせてくれる。市ノ瀬へ向かう途中、観光新道の尾根が見えた通りだ。

ひょっこり中飯場に出た。もう使われていない工事用車道が通じている。この珍しくも味気もない地名は、多分かつて砂防工事の飯場があったことから付いたのだろう。ここから明るい甚之助谷が一望だ。砂防堰堤が上部まで延びている。その奥に別当出合から遠望された不動滝が近づき、2段になって豪快に落ちている。

中飯場から灌木の低木が混じる樹相になってきた。足下に黒い花弁の花が咲いている。黒とは珍しい。長年山を歩いているというのにウルトラ花音痴。「聞くは一時の恥。聞かぬは一生の恥」である。思わず居合わせた夫婦連れに聞いてみた。

「エンレイソウ」

ついでにフキのような幅広の葉にちょこんと白い花弁を7〜8個付けた花は「サンカヨウ」と教えていただいた。

「この花は濡れると透明になるんですよ」

この先、室堂センターに着いてからしっかり降った。翌日下山の際に注意して観察すると、確かに透けて見えた。多分浸透圧の条件が合って花弁に水が染み込んで透明に見えるのだろう。

辺りは低木の灌木になってきた。芽吹きしたばかりで初々しいばかりの新緑だ。スキー板を担いだ若者が下ってきた。今回の山行目的の一つは白山の滑降ルートを探ることだ。パウダーを滑れない私の滑降技術レベルで可能なめぼしい山はほぼ滑り尽くした。しかしこの白山を残しているのだ。もう体力が落ちて板を担ぐこともままならないだろうが機会があればチャレンジしてみたい。彼としばし情報交換。彼は弥陀ヶ原から南へエコーラインを滑ってきたとのことで、甚之助避難小屋辺りまで滑降できるという。この後数人が板を担いで下ってきた。

ムラサキヤシオツツジやヤマザクラが咲き誇る。標高1700メートルを超えてくると残雪が現れ、雪で押し倒された灌木の芽吹きが今始まったばかりだ。瞬く間に登山道が残雪に埋まり雪原が延びる。残雪は固く締まっていて潜らないが、そこそこ斜度がありよく滑る。

11時40分、新装なった甚之助避難小屋に着く。小屋前で腰を下ろしていると若者が「毎年こんなに雪が多いんですか」と驚きの風だ。今年の北陸は豪雪だった。毎年こんなに残雪は多くはないだろうが、この若者を含めて入山者の軽装が気になる。せいぜい30リットルほどのリュックだ。それくらいのリュックでどれ程の装備を詰め込めるだろうか。何も大きく重ければいいというのではない。軽くしたいというのは人情だろう。しかし6月初旬の高峰はまだ冬の顔を残している。残雪多い2700メートルの高峰に登るということを忘れないで欲しい。

ここは甚之助谷越しに別山を望む好展望台だ。高曇りだった空が暗くなり、お日当ての別山はもやっている。ここでアイゼンを付けた。12本爪の本格派のアイゼンだ。急斜面を100メートルほど登ると平坦な雪原になり赤い屋根の甚之助小屋が直下に見下ろされる。南竜ヶ馬場への分岐を分けると、弥陀ヶ原の溶岩台地直下を長々トラバース気味に行く。10人ほどのグループが下山してきた。トラバース斜面で行き違えるのは危険である。やり過ごすまでしばし待機。リーダーらしき人に声をかけると、ヤバイところがあったので引き返してきたとのこと。多分黒ボコ岩直下の雪渓だろう。この先何人かが引き返してきた。いずれもアイゼンを持っていなかったり軽アイゼンの人たちだ。

トラバースを終えると急な雪の斜面。見上げていると単独行の男がバランスを崩しずるずる滑り出した。幸いわずかの滑落で止まったがノーアイゼンだ。アイゼンを用意していないというのはだいたい残雪期の白山を甘く見ている。かと思えば若い両親に挟まれて小さな男の子が下ってきた。山頂まで行ったようには思えないが、怯えるようでもなく元気に歩いている。

「いくつかな」

6歳だという。

「将来はヒマラヤだねぇー」

思わず声をかける。黒ボコ岩直下の急峻な雪渓に出た。上部はガスが出てきている。今日は午後から下り坂の予報通りだ。慎重に渡り切る。小尾根に付いている夏道はしばらくで残雪に没してしまう。慎重にアイゼンを効かせて一歩一歩高度を稼ぐ。上部になるほど傾斜が強まり滑落の危険を感じる。軽装の人たちはこの手前で引き返したはずだ。

重荷にフウフウ言いながらようやく黒ボコ岩に出た。御前峰直下から雪渓の帯が延びている。5月上旬までなら山頂直下からかなりロングコースを滑降できそうだ。山スキーを昂じる私はついつい滑降のコース取りを描いてしまう。弥陀ヶ原の雪原をたどり、歩きにくいハイマツ帯の五葉坂を抜けると室堂センターに着いた(14時40分)。

今宵の宿泊者は１０００人収容の室堂センターに私１人のみ。予報通り降りだした。17時には夕食を終え早々に寝入った。夜半過ぎ小用に立つと雨は止んでいたがガスが立ち込めている。回復する予報だし、夜半に雨が止んでガスが出ている場合、たいがい朝にはガスが取れる傾向がある。

13日午前4時前、起き出すとすでに明るい。予想した通りガスは取れ、御前峰がすっきり見える。2400メートルの室堂より低いところに雲海が発達。梅雨時は雲が低いという予想が見事的中した。5時過ぎ御前峰を目指す。大きな雪田を渡りハイマツ帯のジグザグをたどる。振り返ると別山が海に浮かぶ島のように山頂部だけ雲海から頭を出している。室堂センターに主な荷は置いてきて空荷に近いというのに息が切れる。空気が薄くなっているせいだろう。若い時はこんなことはなかったのに最近はこういう症状が出る。六十路も半ばを過ぎて肺活量が落ちてきているのだろうか。これからの登山人生で叶うならマッターホルンに挑戦し、ヒマラヤトレッキングをやりたいというのに気がかりではある。

とはいえ1時間で御前峰(2702メートル)に立った(5時49分)。辺りにガスがまとわりつき、雲海から頭を出していた別山が隠れた。むろん大汝峰や剣ヶ峰も見えない。しかしすでにかなり昇った太陽のシルエットが雲間に見える。さんさんと降り注ぐ太陽のエネルギーを受けてガスは上昇し、必ず動くはずだ。しばし待つことにした。風なく寒さも感じない。時間もある。

間もなく予想通りガスは取れてきた。雲海に浮かぶ別山への尾根に滝雲現象が現れた。東側の雲海が稜線を越えて西側に落ち始めたのだ。まるで生き物のように波打って流れ落ちる。右手にガスがわき上がり、滝壺から水煙が立ち上っているかのようだ。これまで何度も滝雲現象を目にしてきたが、これほど動きのあるのは初めてのことだ。くわえて残雪をいただく別山が斜光線を受けて残雪の山ひだを浮かび上がらせている。あまりの神々しい光景に身震いしてしまう。

白山は別山を従えた独立峰である。独立峰はたいがい形がよくて眺めるにはいい。しかし登ってしまえば至近にめぼしい山がないから眺めに面白味がない。至近にめぼしい山があることと独立峰であることとは両立しないのだ。その典型が富士山であり、鳥海山、羊蹄山、大山である。

しかし白山は別山を従えている。高度は300メートル低く、寄り添うというほどでもなく適度の距離感がある。目立ちもせず、さりとて存在感がないというわけでもない。別山は脇役として立派に主役をもり立てている。その脇役が今、主役になって滝雲という演目を見事に演じきっている。

南側斜面の剣ヶ峰はすっかり雪が消えているが、大汝峰はたっぷり残雪を残し、火口湖が神秘のエメラルドグリーンを見せている。その火口群を白いガスのベールがうっすら流れていく。これまた神秘的なシーンだ。東側（岐阜県側）に目を転じれば雲海が波打ってうごめいているように見える。

小1時間も山頂に留まって室堂へ戻った（7時40分）。荷をまとめて下山開始。五葉坂の途中、けつまずき手をついた。たまたま低い姿勢になってハイマツ越しに別山を見るとなかなか構図がいいではないか。御前峰からは別山を見下ろすようなアングルだったが、高度を下げている分、その感じがなくなり別山に高度感が出ている。幸いなことに滝雲はまだ健在だ。前景にハイマツを入れて滝雲の別山を改めて撮る。結局ここで撮った別山の滝雲がもっとも見映えがいいものになった。写真はアングルを変えるとまったく新しい表現が得られるものだ（表紙カバー写真）。

黒ボコ岩から急峻な小尾根を下ると単独行の若者が雪渓を登ってきた。

「あれが滝雲というんですか」

まだ残っている滝雲を指呼しながら今朝の別山の滝雲のことを話すと、若者は気づいていなかった。

ここでアイゼンを装着して一歩一歩慎重に雪渓を下る。この雪渓の下部に降りてちょっと傾斜が緩んできたところでうかつにも足を滑らせ転倒。リュックを下にして、仰向けにずるずる滑り始めた。下方に岩が見えるがそこまではちょっと距離がある。最初は靴を雪面の凹んだところに突っ込んで止めようとしたが止まらず。ストックを雪面に突き立てて股に挟むと止まった。

転倒した際にサイドポケットに入れていたペットボトルが飛び出した以外、身体から離れたものはない。ストックやピッケルが身体から離れてしまったら止める術がなく万事休すだ。ストックならリングを必ずリストに通しておく。ピッケルなら肩がけにシュリンゲに通しておく——日頃から癖にしていたことが役に立った。ただ半袖にベストだったため肘に擦り傷を負った。下山後白峰温泉に浸かってもヒリヒリしない程度で大事に至らなかったが、暑くても長袖にすべきであると反省。

ということもあったのでこれより先、入山者にアイゼンを持参していない人や軽アイゼンの人には引き返すことを勧めた。甚之助避難小屋に9時30分、別当出合の駐車場には11時40分に着いた。久々のロングコースを歩いて昨年骨折した右膝に痛みが出てきたが何とか持ちこたえた。

天気予報がコロコロ変わり、決行するかせざるべきか、散々迷い二転三転した今回の山行だったが、終わってみれば最近の山行ではもっともわくわくする山行になった。

（山行日　２０１１年6月12～13日）

第14話　三ノ峰～別山（2399メートル）

……悲願の2000メートル超えの福井県最高地点を踏み、白山の引き立て役・別山へ

別山山頂の標柱には「霊峰白山　別山」と記されている。別山は白山が南に伸ばす稜線が一旦2100メートル台まで高度を落とし、再び2400メートルまで盛り返す歴とした独立峰なのに、白山信仰の宗教的表記であるとはいえ、白山の一部扱いである。

均整の取れた尾根を両翼に伸ばしボリュームのある別山は白山を引立てている。別山は白山の脇役でも山容、高度、ボリュームからいって名峰だと思う。しかし「白山霊峰　別山」という、添え物扱いの名称のためだろうか、二百名山にも三百名山にも数えられていない。

福井県人として悲願だった2000メートル超えの「越前三ノ峰」を踏んだ喜びと合わせ別山のよさを吹聴してみたい。

三ノ峰～別山は、南北に長い白山連峰が南側に伸ばす稜線上にあり、石川・岐阜県境に位置する。三ノ峰は2128メートルを有し、2000メートル超えの山としては最南端に位置する。白山寄りの別山はむろんそれより高度を有し、ほぼ2400メートルの高度を保つ。深田久弥は彼の百名山を選定する高度の目安を2000メートルにおいていた。それぐらいの高峰となれば、ほとん

どの国内の山は森林限界を超え、山岳風景に風格が出てくる。尾根は腰を張り、谷は深く刻まれ、滝が懸かる。2000メートル超えというのは一級の山のステータスである。惜しむらくは2000メートル超えの三ノ峰が福井県境を絡まないことだ。福井県と石川県境をなす東西に延びる尾根が南北に延びる白山連峰と合わせるのは、三ノ峰より南側の、肩ともいうべきところである。

もし白山の創造主が加越国境の稜線をもう少し北へそらしていたなら、福井県人も2000メートル超えのピークの栄誉を共有することができたのに残念の極みだ。何も2000メートル超えのピークを独り占めしようというのでない。石川県には2700メートルを有する白山が、岐阜県には3000メートル級が並み居る。2000メートル超えの高みを一つでもいいから共有させてくれてもいいではないか。そう思ったことは一度たりではない。

だから福井県内の最高峰は2000メートルに届かない岐阜県境の二ノ峰（1962メートル）と長く信じられていた。ところが何気なく地元岳人の著書に目を通していて意外なことを知った。2000メートル超えの高みが福井県にあるというのだ。このくだりを読んで居てもたまらず出かけたのが前回の三ノ峰山行だったが、ガスと雨にたたられた。

8月5日早朝、取り付きの上小池に向かう。途中にある鉱泉宿の鳩ヶ湯辺りですでに明るい。車を止めて打波川の谷間の奥に目を凝らすと、まだ陽が射し込んでいないまろみを帯びた三ノ峰がシルエットになって望める。そのシルエットの左奥に明るみを帯びた鋭鋒が見える。あれが別山に違いない。

上小池の40面ほどの駐車場には10台余りが駐車。ほとんどは福井とその周辺県のナンバーだが関東ナンバーが混じる。山の通は明るい尾根歩きができる鳩ヶ湯新道と三ノ峰～別山のよさを知っているのだろう。日帰りのピストンを想定して早立ちを予定していたのに大幅に遅れてスタート（6時17分）。一旦林道まで下る。別山までの累積標高差は1600メートルに及ぶ。ゴールを目の前にしてこの程度の登り返しでも辛いだろう——登りだしたばかりなのに下山の際の心配が先に立った。林道に下りればそこは刈込池の散策路の入口だ。紅葉の頃、刈込池から望む三ノ峰を撮るカメラマンやハイカーで賑わうところだ。地道の車道をしばらくたどると、打波川の対岸に絶壁がある。その説明板を見入って、刈込池がある幅ヶ平は願教寺山が崩壊してできたことを知る。しばし地学の学習だ。

快晴。谷間に射し込む斜光線が眩しい。間もなく三ノ峰、白山方面の道標に導かれて山道に取り付く。ひと登りで見覚えのある山腰屋敷跡。開けた平坦地に建物の跡が残るところだ。1961年の奥美濃地震で倒壊し、福井国体の際に野営場が整備された由だが、今は基礎石だけが残っているだけだ。こんな奥深い山中に民家があったということ自体驚きである。

「小屋泊りですか」

居合わせた単独行の男が問いかけてきた。そう思われたのは日帰りにしてはややリュックが大きいからだ。鳩ヶ湯新道から別山は一級の登りでがある。このロングコースをピストンするには60代後半に差し掛かっている者にはやや不安が残る。念のため三ノ峰の避難小屋泊りの準備をしてきたのだ。水だけでも通常の倍の3リットル分を担いでいる。

したたり落ちる汗をぬぐいながら深い樹林帯を1時間余りあえぐとひょっこり六本檜に出た（8時9分）。かつて檜が6本あったことから名付けられた由だが、今は根元に締め縄が飾られた巨木が一本あるのみだ。腰を下ろしていた先行者と挨拶を交わすも彼らは多くを語らず腰を上げて行った。樹間から三ノ峰方面を遠望。目を凝らすと三ノ峰らしいこんもりしたピークが望める。その右手のピークが福井県の最高地点のようだ。前回登った時は濃いガスが充満していて三ノ峰はまったく望めず、登った尾根の様子もほとんど印象に残っていない。はじめて間近にみる三ノ峰だ。

これから先、三ノ峰まで標高差600メートル、3時間の稜線歩きである。腰をあげて平坦な稜線を分け入ると、幹といい枝ぶりといい葉ぶりといい、ほれぼれするブナ林が続く。つい先刻腰を下ろしたばかりなのに再び腰を下ろした。しばしブナを眺め入り、シャッターを切る。ブナは真すぐのびないために木材としての経済性はほぼゼロである。しかしブナ林の中にいることが好きだという人は少なくない。ブナ林に浸ると落ち着きを取り戻し癒される。その「経済性」を量的に換算できぬものか。井上ひさしが減反政策を批判した「コメのはなし」で、田んぼの保水性をダムに換算してその経済性をはかることを提案したことがある。それになぞらえれば、樹木の中では随一だというブナの保水力や癒しを量的に換算してその経済性を評価できぬものか。

高度を上げるにつれ徐々に低木になり笹の切り開きの登りが続く。直射が容赦なく照り付ける。夏山の山行でバテる最大の要因は日焼けだ。日焼けはそれ自体ひりひりして不快であるばかりでない。食欲を失わせ、身体が火照り寝付けない要因になる。日焼け防止は体調を保ち快適な夏山山行の秘訣である。明るい尾根であるだけにその分ジリジリ照り付けられることは折り込みずみ。広いバンダナをうなじに垂らしてつば広の帽子を被る。バンダナはうなじの日焼けを防止するだけでなく、汗を吸い取った布端から汗が滴り落ち、不用意にメガネのレンズを濡らすことがない。

急登に汗が流れるように落ちる。冷やっとするガスに包まれたい気分だ。山は晴れた方がいいかというと必ずしもそうではない。夏山にかぎっていえば「曇り時々晴れがいい」――なんて贅沢なことを勝手に考えていると、打波川側の方から風が舞い上がってきた。火照った身体には得も言われぬ涼風だ。

剣ヶ岩が迫ってきた。上部が見えないほどの急登になる。剣ヶ岩を巻き終えた高みから振り返ると、打波川の谷の奥に三角錐の荒島岳、その右手に加越国境の赤兎山、さらに右手奥に大長山が大きな山塊をみせる。赤兎山の背後にギザギザのアルペンチックなスカイラインを見せるのは経ヶ岳だ。奥越の主要な山並みがほとんど見通せる。そして視線を左に転ずれば手前に福井・岐阜県境の願教寺山、さらに左奥には美濃禅定道の二ノ峰、一ノ峰の稜線を遠望。

「鳩ヶ湯新道もいいですが、石徹白《いとしろ》道もなかなかいいですよ」

この先、三ノ峰で腰を下ろしていた人たちからそう耳にした。

石徹白道は古来白山信仰の登拝路だった美濃禅定道のことである。富士山や立山、御嶽山と並んで山岳宗教が盛んだった白山は、禅定道と呼ばれる登拝路が、加賀、越前、美濃側からそれぞれ延びていた。その中でも美濃禅定道は「登り千人、下り千人」と呼ばれたほどに栄えた登拝路である。

別山はその登拝路の途中にある。そこには本宮白山の別宮が置かれ、それが転じて別山と呼ばれるようになったようだ。いずれ石徹白道を歩いて見たい。

笹原がキラキラ光り、ビロードを敷き詰めたような笹原の山並みが延々と延びている。山好きならよだれが出るような山岳展望だ。三ノ峰が近づいてきた。見上げるような急登だ。明るい細尾根を行く先行者の人影がよく見える。振り返れば後続がぽつんぽつんと続いている。今頃白山の砂防新道は人の列で混み合っているだろうが、鳩ヶ湯新道は展望がいい上に静かなのがいい。

至る所にお花畑が広がる。ニッコウキスゲは盛りが過ぎてしぼみ形を崩しているが、ハクサンフウロやウスユキソウ、アザミ、ミヤマタンポポ、ツリガネニンジン、シナノキンバイ、ゴゼンタチバナ――花音痴でも知っている花が乱舞だ。

左手の稜線越しに残雪をいただく高峰が頭を出している。目を凝らせば白山の御前峰と大汝峰だ。別山に登らないとお目にかかれないとばかり思い込んでいただけに僥倖である。最後の急登を登り右手のこんもりした高みを巻くと見覚えのある三ノ峰避難小屋に出た（11時）。小屋横に立つと真っ先に別山が目に飛び込んでくる。森林限界を超え、笹原の柔らかなグリーンの肩を両翼に伸ばし、白っぽい胸壁（大平壁）を落とす別山。沸き上がるガスに対面が拒まれるのではと心配してきたが、杞憂だった。三ノ峰側からはじめての別山対面である。以前チブリ尾根から別山に登った時も、今回と同じルートをたどった前回もガスと雨にたたられ、別山は杳として姿を現さなかった。それだけに感激もひとしおである。しばし飽かず眺め入る。

数組のグループが腰を下ろしている。別山までピストンしてきた人にタイムを聞いてみると2時間を切る人もいれば3時間近くかかったという人もいる。脇目も振らず歩けば2時間を切るかも知れない。別山までピストンし、下山した場合の時間を計算してみると日帰りできないこともなさそうだが、寝過ごしてスタートが遅れたことが時間的に窮屈にしている。折角猛暑を突いて登ってきたのだ。花を愛で山を撮り白山山系のもっともいいところをのんびり愉しめばいい。今宵は避難小屋に泊まることにした。食料もシュラフも用意してきている。水は不足するが雪渓の雪解け水を煮沸して使おう。

さて冒頭に触れた地元岳人の著書で見つけた意外なこととは次のようなくだりである。

福井県で一番高い山は?こう尋ねられると、答えられる人は少なくなる。正解は白山系の二ノ峰(1962・3メートル)。岐阜県との境にある。ところが、この二ノ峰より高いところが福井県にあって、その場所を山とよんでいいかどうかで私は迷ってしまう。というのは、その場所は白山の三ノ峰(2128メートル)の南の台地に当たっていて、いわば三ノ峰の肩のような所である。……福井県で2千メートルを超える山地は、ここだけだ。そこで私は考え込む、独立した山と呼ぶ手だてはないかと。さて、県内には例をみないようであるが、信州や越中の深い谷に入ると、谷がはるかな高みに向かって突き上げてゆくその目当ての山を、何々谷の頭とか何々谷の頭と呼ぶことを私は知っている。これだったら、福井の最高地にも名前が付けられるかもしれない。この地は三ノ峰を目指して、まっすぐに登ってゆく打波谷の終点に当たっていて、まさに打波谷の頭と称するにふさわしい位置にあるのだから。(増永迪男「福井の山150」ナカニシヤ出版)

まだ11時過ぎ。時間はたっぷりある。まずはその福井県最高地点の「打波谷の頭」に行ってみることにした。首辺りまで没する笹の踏跡をかきわけて行くと「福井県最高地点　越前三ノ峰2090メートル」の山名板が立つ小高い高みに出た。高度計は2100メートル近くを示している。数十メートルの誤差を見込んでも福井県の最高地点が2000メートルを超えていることは確かである。福井県にも2000メートルを超えるところがある！　深田百名山の最後となった大朝日岳に立ったときよりも、穂高岳に立ったときよりも、富士山頂に立ったときよりも喜びが大きい。

しかし山名板の表示は、増永が提唱する「打波谷ノ頭」ではなく「大野親岳会」の手になる「越前三ノ峰」。福井ではなく古い地勢の名を用いることにおかしみを感じてしまう。標石が埋められている。ここは福井・石川・岐阜の3県境だ。三角点かと思えたが、よく見ると国有林の境界の標石である。日頃は三角点の標石に関心を持たずタッチなどしないが珍しくタッチした。

三ノ峰にも足を延ばしてみた。深い笹の切り開きは鳩ヶ湯新道のように刈払われておらず、笹の海だ。笹原のかすかな凹状を探ってかき分けていく。隠れた倒木や根っこ、転石、段差にしばしば足を取られ、笹の海に投げ出されてしまう。三ノ峰のピークに立つと別山への縦走路がかなり落ち込んでいることが分かる。明日は登り返しを覚悟しなければならない。別山へは相当アルバイトがありそうだ。

引き返して小屋へ潜り込む。室内は清潔に保たれている。トイレも2ブースある。もちろんポットントイレだが、跳ね返りの「おつり」もなく鼻を突く屎尿の臭気がないのが嬉しい。浄化槽が設けられており、太陽光パネル発電で脱臭装置が駆動しているようだ。

水を確保しなければならない。前回来たとき東斜面にたっぷり残雪が残っていたのを覚えている。その斜面を覗きにいくと前回よりうんと小さくやせ細っていたがまだ残っていた。残雪の末端に降りて雪解け水に手を入れるとしびれるほどの冷たさだ。ポリタンクを満タンにして小屋に持ち帰り煮沸。コーヒーをたてる時に使うフィルターでろ過し2リットルの水を確保した。

早めの夕食をとれば後は為すこともない。貸し切りの小屋で18時には寝付いてしまった。ところが寝入った矢先、20時頃騒がしい人声にたたき起こされた。白山までピストンしてきたという4人組が乱入して来たのだ。14時間、8万歩歩いたというからそら恐ろしい強者《つわもの》どもだ。彼らの物音が静まるのを待って再び寝入った。

6日、5時前最小限の荷を担いで別山へスタート。曇り空。別山の両翼の尾根をガスが越える滝雲現象が見られる。昨年6月、梅雨時の白山で尾根を越え斜面を滑り落ちるダイナミックな滝雲を見た目には、あまりにも平凡だ。今日の天候は下り坂。別山は昨日たっぷり眺めた。何とか白山の展望が得られればいい。昨夜の雨で雨粒をたっぷり溜め込んだ笹の襲撃を受ける。これは予想されたことなのでカッパの上下を付け、衣類が濡れることは免れた。しかしスパッツを付けているというのにたちまち靴の中まで濡れてきた。改めて笹の保水能力が高いことに驚く。

三ノ峰はかなり大きなコブである。そこから二段になって2000メートルそこそこまで落ち込み、だらだら登り返しだ。鳩ヶ湯新道の斜面では盛りが過ぎたニッコウキスゲだったが、高度を上げた分、元気なニッコウキスゲの大群落が広がる。むろん登山道脇にもお花が目移りする位に咲き誇っている。三ノ峰〜別山の良さは、展望のいい笹原の尾根歩きと豊富な高山植物を愛でることにある。

別山平に出た。背丈の低い笹原の平原だ。笹原の向こうに白山がガスに霞んでいる。ひと登りで6時58分、誰一人いない別山山頂に着いた。見覚えのある小さな祠が立つ。冒頭に紹介した「霊峰白山　別山」の標柱は健在である。それまでうっすらかかっていたガスが取れ、白山の腰辺りにちぎれ雲がふわふわ浮かぶ白山が望まれる。

これまで二度、ガスと雨にたたられた別山。別山と白山が望められたら私はもう大きな満足に満たされている。江戸時代のこと、幕府は当時隆盛を誇っていた越前平泉寺（現福井県勝山市）に白山山麓一帯の領有を認めていた。つまり越前領だった。しかし近代の行政区分は三ノ峰から下がった南肩の「越前三ノ峰」に石川、岐阜、福井の三県境があり、福井県は白山や三ノ峰を絡まなくなった。三ノ峰は本州最南端の2000メートル超えのピークである。そのピークに福井県境が接していないことに福井県人として口惜しい限りだったが、大展望を前にしてそんなことは些細なこと、どうでもいい気分になった。

小屋までは快調に戻る（8時38分）。小屋で遅めの朝食を取り、慎重に鳩ヶ湯新道を下った。途中から雨が落ちだした。雨を突いて数人が登ってきた。エンジン全開の火照った身体には水冷が丁度いい。山腰屋敷跡まで下って来るとさすがに足が棒になってきた。足を引きずりながら駐車場に戻った（12時23分着）。

（山行日　2012年8月5〜6日）

第15話　取立山（１３０７メートル）～護摩堂山

……白無垢の白山連峰の大展望を眺めながら加越国境の雪稜を歩く

取立山～護摩堂山は福井・石川県境の稜線にある。この稜線の魅力は何といっても白山連峰の展望台であることだ。積雪期には文字通り白無垢の白山連峰が望める。

取立山は国道１５７号線から直接取り付け、さほどアルバイトを要せず稜線に立てる。しかも護摩堂山に至るまで取立山直下のこぶつり山と最後に護摩堂山へ小さな登り返しがあるものの、下り気味の稜線漫歩を楽しみながら大展望がほしいままだ。

取立山～護摩堂山の稜線は白山に近すぎず遠からず、絶妙の位置にある。この「大観」を独り占めにしておくのはもったいない。ここ数年毎年のように新しい人を誘って歩いている。

3月4日早朝、北陸自動車道福井北インターを降りて勝山市街に向かうと、たっぷり雪を付けた加越国境の山並みが目に入ってくる。せいぜい１０００メートル超えの山並みだというのにこの白さ。何度か登ったことのある懐かしい浄法寺山も真っ白だ。

「この山は福井市街から望めるもっとも近い１０００メートル峰です」

浄法寺山が雪山の面白さを教えてくれた山であることをメンバーに紹介したが、誰もこんなローカルな山の名など知りはしない。若い頃、帰省したついでに腰まで潜る雪の急斜面をあえいで登り、快晴の山頂から剣ヶ峰、大汝山、御前峰から別山、三ノ峰に至るまで白無垢の白山連峰の大展望に感動したものだ。

というのも私が育った福井市街からは、加越国境の稜線が落ち込んだ谷峠越しにわずかに白山の主峰が頭を出しているだけだからだ。100メートル足らずの裏山に登るともう少し望めたが、冠雪した白山連峰の全貌を眺めたのは初めてだった。もっと白山寄りの加越国境から眺めたらどんなに素晴らしいことか、と宿望してきた。数年前ようやくその宿望を果たした。以来この大展望にはまり、今回で4回目だ。

東山いこいの家入り口の国道157号線の駐車スペースにはすでに数台が駐車。雪は例年より少なめだがたっぷりある。7時27分スタート。

中腹の駐車場に通じる車道を歩き、東山いこいの家のバンガロー群を抜けていく。踏み跡はしっかりしている。ひと歩きで暑くなり、みなさん1枚脱ぐ。徐々に踏み跡が深くなるが、スノーシューやワカンを着けるほどでもない。アイゼンのツボ足で歩く。途中から夏道をショートカットしながら駐車場上部へ出ると、北西方面の加越国境の大展望が開けてきた。明日はさらに気温が上昇する予報。寒いのも困るが暑いのも嫌なものだ。今ぐらいが丁度いい。

越前甲山や加賀大日山の高みがひときわ目につく。駐車場を抜け急登の尾根をひと登りすると、南側の大展望が開けてくる。右手のこんもりしたピークはジャム勝山スキー場が拓かれている法恩寺山。スキー場は反対側斜面に拓かれている。その左奥に双耳峰が見える。一段と高いこの高峰は福井県内最高峰の経ヶ岳だ。まろみを帯びた法恩寺山に比べアルペンチックな山容は登高欲をそそる。

「経ヶ岳は白山より古い火山で火口原が残っています。特徴のある溶岩の尾根が延びています」

「切窓を通過して行くんですよね」

登ったことがあるU女さんが相槌を打つ。

「そこは火口壁なんですよ」

この山は西隣に位置する荒島岳の名声に隠れて知名度は比較にならないほど低い。しかし古い火山の経ヶ岳は荒島岳より高く、溶岩地形が見られる、なかなか個性派の山である。再び登ってみたい私の山リストに挙げている。

百名山に数えられている荒島岳は確かに大野盆地から眺めると適度な鋭さのスカイラインを両翼に落とし秀麗ではある。特に積雪期は目を見張る。しかし大野の市街に近づくと前山のスカイラインがずれてきていびつさが目立つ。しかも深田自身が百名山の基準とした2000メートルに及ばないし、歴史もさほどあるわけでもない。深田久弥が荒島岳を百名山に数えたのは「身贔屓《みびいき》ではないか」との批判が絶えない。福井県人の私からみてもその批判には根拠があるように思われる。深田久弥は石川県大聖寺町（当時。現加賀市）に生まれ育ったが、越境して旧制福井中学に通い、その頃から福井や石川県境の山に熱中し始めた。それに姉の嫁ぎ先が勝山市だったこともあって福井の方に馴染みがあったからだ。

その荒島岳は山端に隠れている。急斜面のコブを登る。前々回だったか、凍結していて滑落を感じる斜面だったが、今回は気温が上がり腐った雪でその心配はない。コブを越えるとぽつんぽつんと灌木が混じる穏やかな雪原歩き。無風快晴。長袖1枚でも寒くない。数日前の寒気で降った新雪がまぶしい。再び穏やかな高みが見えてきた。先行する人影が見える。取立山名物の雪庇が見えてきた。これでも例年より雪が少なく今年は目を見張るほどではない。

だだっ広い山頂に人影が見える。その山頂越しに白山連峰がいきなりどーんと飛び込んできた(9時58分、山頂着)。火山らしくまろみを帯びた御前峰、大汝、剣ヶ峰の白無垢が行儀よく並んでいる。これまでちらりとでも白山を望んで登ってきたならこの感動は大きく減じるだろう。平坦な山頂越しにいきなり「大観」が飛び込んでくるところに取立山ならではのサプライズがある。立山アルペンルートや阿蘇山の外輪山に「大観峰」という地名が見られる。峰をとった「大観」が単独で用いられることはないようだ。しかし大きな眺めが得られるという意味で、絶景という言葉より「大観」の方がぴったりする。

「白山は望めましたか」

登りの途中、下山してきた単独の男に尋ねた。

「背景に雲があってくっきりしません」

ぶっきらぼうな返事にメンバーががっかりしはしまいかと気がかりだったが、そんなことは杞憂だった。澄み切った青空に白無垢の白山がくっきり見える。青に白がよく似合う。これ以上の展望はない。不満をいうなら白山連峰の一角をなす別山がちょっぴり頭を出しているだけだし、三ノ峰は大長山の大きな山塊に隠れていることだ。それに山頂に立つと白山はこぶつり山に伸びる手前の稜線越しになって見えてしまう。かえって山頂手前から眺める方が、山頂の雪原に手前の尾根が隠れて白山が何の障害物もなしに見えてすっきりする。足らずをいえばきりがないが、みなさんこの「大観」に大喜びだ。

三ノ峰から派生する加越国境の盟主・大長山がのっぺりでかい。

「この山はもう10年ほど前だったか、関西学院大学のワンゲル部のメンバーが遭難してローカルな山が全国に知れ渡りました」

厳冬期に起きたその遭難事故のことを紹介すると、意外にもY女さんがそのことを知っていた。天候が悪化し吹雪き模様に立ち往生。テントまで押しつぶされる豪雪だったが、動き回らず雪洞を掘って悪天が収まるのを待ち体力を温存。全員が救出された。悪天候を読み切れず豪雪の山に安易に入山したことへの批判が相次いだが、私はそうは思わない。自然の猛威を完全に読み切ることは難しい。悪天に見舞われることはありうることである。問題はそういう事態に遭遇した時に、どういう判断や対応をするかが大事なことだ。関西学院大学ワンゲル部のリーダーは実に冷静かつ適切な対応をしたと思う。

「雪洞は完全に風が封じられるし、中は意外と暖かい。外がマイナス10度でも雪洞の中は零度。風さえ避けられれば零度なら暖かいものです」

私はうんちくを傾けた。雪山に入るときには、念のため雪洞づくりに必要なスコップかスノーソー（雪のこぎり）を持って行くことにしている。靴で雪を踏み固め、スコップかスノーソーで雪のブロックを切り出し雪洞を作るのだ。とくにスノーソーは軽量コンパクト。リュックに忍ばせておくと安心だ。

この遭難事故は故郷の山のことだったのでよく覚えている。積雪期にこの山を訪ねてみたいが、ここまで行くには相当の時間とアルバイトを要する。積雪期の日帰りピストンは無理だろう。赤兎山は大長山に隠れている。

私たちは山頂に陣取って白山の「大観」を肴にランチタイムとした。すぐ傍で陣取っている数名のグループから昔懐かしくも間延びした福井弁のイントネーションが聞こえてくる。福井で育った私は少しのなまりも見逃さない。

「福井の方ですね」

思わず声をかけた。地元の人たちに違いなかった。

「イントネーションでわかります。福井で育ちましたから」

「どちらから?」

しばしどこでもあるような交流だ。

「護摩堂山まで行くんですか?」

彼らはちょっと怪訝そう。

「白山連峰の大展望が望めます。護摩堂山から国道へ下ります」

彼らは驚きの様子だが、地元の人でもこの周回はあまりやらないようだ。このルートは天候にさえ恵まれれば稜線ははっきりしているし、さほどアルバイトを要しない。安全に稜線漫歩を堪能できる。

雪山では珍しく40分も腰を下ろして護摩堂山に向かった。これから向かう護摩堂山まで稜線がすっきり見える。

「あれがこぶつり山。あれが護摩堂山。あれが国道に下る尾根」

これから向かう周回コースの説明に忙しい。取立山避難小屋に向かって先行者1人分のトレースが延びている。私は膝まで潜るのをもろともせずこぶつり山との鞍部まで一気に大股で先行する。目的があるのだ。降り立った鞍部から眺めると取立山はまろみを帯びたコブに見える。その急斜面に彼らを点景に入れて、雪山のスケール観と豪快さを撮るのだ。点景を入れないと大きさが分からず豪快さを表現できない。

降り立った避難小屋の奥に延びるミズバショウの自生地はまだすっかり雪の中だ。新雪が深い。それぞれにスノーシューやワカンを付けて、こぶつり山に登り返すと山端に隠れていた白山連峰の白無垢が再び戻ってきた。取立山から付けてきたトレースがくっきり見える。先行者の真新しいトレースがずっと伸びている。きっと今朝早や立ちした先行者のものだろう。バージンスノーにトレースを付けるというのは雪山の醍醐味である。むろんラッセルというのはつらいが、今の新雪はせいぜい20センチほど。いったん雨で締まった雪面に積もった新雪だからさほど潜らないのだ。2年前歩いた時は取立山から護摩堂山間はノートレースだった。その時の醍醐味がよみがえってくる。

午後になっても雲が出てくる気配は微塵もない。大展望を左右に柔らかい春の陽射しを浴びながら雪原漫歩だ。山好きにとってこれ以上の贅沢はない。

「こんな風景が見れて明日死んでもいい」

M女さんが過激なことをのたまう。軽々しく「死んでもいい」などと言ってほしくないが、そんな言葉が飛び出してくるほどにみなさん、この「大観」にほれぼれしている。

「これ以上好条件の白山の眺めはない。もし再びここへ来ることがあったらきっとがっかりしますよ」

これまで何度も訪れた雪の加越国境だが、今回が最高の展望だと私は誉め上げた。取立山からは山端越しにちょっぴり頭を出していた別山が徐々に全身をさらけ出してきた。別山は山名からして一人前に扱えてもらえず不遇の山だが、私の好きな山である。別山がなかったら白山は単なる火山の独立峰にすぎなかった。連峰をなす雄大さは失われていただろう。別山は白山の引き立て役である。20数年前チブリ尾根を登り山頂近くの岩宿で泊まった懐かしい山をしばし眺め尽くした。

数日前に降った新雪がまだ木々にたっぷり付いている。気温が上昇して木々の枝に積もっている雪がぼたぼた雪爆弾となって激しく落ちてくる。樹林帯に入る場合は要注意だ。この領域がはじめてのメンバーはしばしば立ち止まり、「大観」に釘付けになっている。取立山が大分遠のき護摩堂山が近づいてきた。さらに越前甲山と加賀大日山が大きくくっきりしてきた。護摩堂山を登り返すと反射板が立つ護摩堂山は間もなくだ（13時24分着）。

ここから眺める白山連峰は取立山からの眺めに増して圧巻だ。取立山からは隠れていた別山、三ノ峰まで白山連峰の主要な山並みがすべて望める。御前峰、大汝、剣ヶ峰を正面に望むまろみを帯びた山容はまさしく火山が作り出した山並みだ。いったん高度を落として盛り返した別山、三ノ峰へ奥まっていく。近すぎず遠からず、距離感も丁度いい。白山連峰の「大観」が絶好調に達している。

以前スキー目的で岐阜県側のひるがの高原のペンションに泊まったことがある。

「大日ヶ岳から眺める白山が一番です」

山好きのオーナーはそう言い張った。高鷲《たかす》スノーパークからゲレンデアウトして1時間ほど足を伸ばせば大日ヶ岳に立つことができる。私も何度か立ったことがある、その頂きから望む三ノ峰から別山に至る白山連峰は、福井県側と同様雄大ではある。取立山から眺めた白山連峰は、白山の主峰を正面にして右手に別山〜三ノ峰が奥まっていくのに対し、大日ヶ岳からは三ノ峰〜別山を手前に、白山の主峰が奥まっていく。奥まった白山は残念なことに主役の座を明け渡し、立ちはだかる尾根越しに火山らしいまろみを失っていびつな三角錐になって見える。

〈そんなことはない〉

取立山、赤兎山や護摩堂山からの白山連峰の「大観」を知っている私は、心中そう思えたが、平和なお国自慢に口をはさむことは差し控えた。

「ここで白山連峰の大展望は見納めです」

私がそう宣言すると、メンバーはデジカメと網膜に白山連峰の「大観」を再び焼き付け、たどってきた加越国境の稜線と取立山や大長山を眺めながら下山にかかる。下り始めは低木がポツンポツンと頭を出しているだけの、山スキー向きの緩やかな斜面だ。それは長くは続かず劇下りとなり、林道を横切り樹林帯に突っ込む。樹林帯を抜けると左手に展望が開け、尾根をジグザグに巻いている林道をショートカットで下っていく。途中からショートカットが消えて踏み跡が林道に付いている。GPSでチェックしてみると、林道は大きく巻いている。こんな巻き道のお付き合いは御免こうむりたい。深雪をショートカットしていく。大股で雪を蹴散らしていくと間もなく踏み跡に合流した。

眼下に国道が見え出し、護摩堂山から1時間あまりで国道に降り立った。国道を30分ほど歩けば駐車地点に戻った（15時31分）。

（山行日　2016年3月4日）

懐深い東北の山

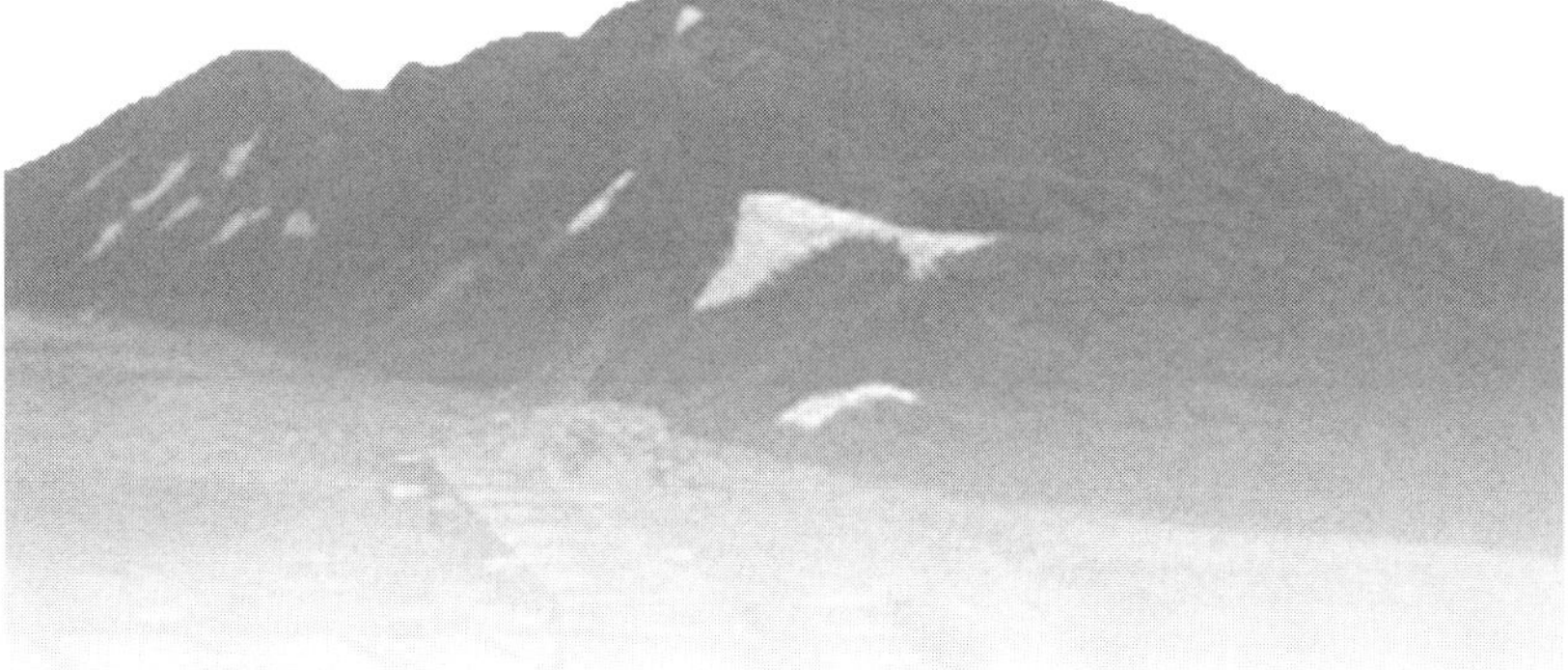

第16話　守門岳《すもん》（1537メートル）

……「すもん」の響きに惚れ込み、大雪庇に惚れ込む二度惚れの山

守門岳は新潟県魚沼市・三条市・長岡市にまたがる1500メートル超えの山である。標高こそ2000メートル級の上越国境の山並みに劣るが、積雪期には白山のように真っ白の長稜を見せることで知られる、中越地方の名峰である。守門岳の名は「すもん」と響きのいいその名に惹かれて比較的若い時期に覚えた。

守門岳の名を高めているのはその長稜に発達する大規模な雪庇《せっぴ》だ。3月に入って天候が安定してくると地元では「雪庇ツァー」が催される。折角登るならその雪庇が見られる時期に狙いを定めた。呼び名に惚れ、大雪庇に惚れ、二度惚れの山になった。

この山はこれまでに二度登りに来ている。最初は登山口に行きながら悪天のために断念。二度目は昨年5月ゴールデンウィークに登ったが、1100メートル付近で雷雨に見舞われ撤退を余儀なくさせられた。今回は三度目の挑戦だ。

出かける直前、まずいことに「北・東日本の長期間の低温に関する全般気象情報　第1号」（気象庁）が発令された。

北・東日本では、4月19日頃から強い寒気に覆われることが多く、気温の低い状態が続いています。5月1日頃からの1週間程度は、再び強い寒気が日本付近に南下するため、北・東日本を中心に、気温が平年を大幅に下回る見込みです。農作物の管理等に十分注意して下さい。

偏西風が日本列島側に大きくU字状に蛇行し寒気が流入しやすくなっているという。昨年雨に見舞われたのも寒気の流入によるものだった。この時期寒気の流入は例年のこととはいえ、今回も細心の注意を払わねばならない。

5月1日午後、大阪を出発。2日、3日は予報通り寒気が流入し小雪が舞う悪天模様。秋山郷を再訪し、江戸時代の文人、「北越雪譜」で知られる塩沢町の鈴木牧之記念館の見学にあてた。悪天で動かないことを山用語で「沈殿」とか「停滞」とかいうが、下界でのこととはいえ丸2日間も「沈殿」したのは経験がない。3日午後になってようやく晴れ間が見えだし、魚沼市須原付近から真っ白の守門岳が望まれた。4日は「晴れ」の天気予報。よし明日こそ決行だ。

5月4日、待ちに待った登山日だ。ところが早朝目覚めると昨夕あれほど晴れ上がっていたのに全天雲が覆っている。守門岳の稜線にはガスまでかかっている。「晴れ」の天気予報はどこへ行ってしまったのだろう。どうも嫌な予感だ。しかし決行する気持ちは萎えない。

ルートは昨年と同じ二口ルート。5時21分車止めをスタート。すでに1人先行している。左手の台地から雪解け水を集めた滝が落ちている。この風景は昨年と変わらないが、昨年いっせいに芽吹いていた河原の木々にはまったく芽吹きがない。今年は残雪多く春の訪れがかなり遅れている。しかし林道の除雪は早く辺りが様変わり。分岐で橋を渡ってしまい左手の丘に踏み込んでしまう有様。引き返して林道に戻り、さらに30分ほどたどると、見覚えのある二口の小屋に出た。夏山シーズンはここが二口コースの登山口になるところだ。20面ほどの駐車スペースも設けられている。

小屋横からこんもり雪が積もった橋を渡る。昨年まったくなかったのにたっぷりだ。今年は本当に残雪が多い。右手の林道をしばらくで稜線への取り付きだ。昨年はその手前で踏み込んでしまい、行き詰まって引き返したものだ。しかも引き返す途中雪原で深く踏み抜き首筋まで落ちた。幸い靴の水没は免れたものの這い上がるのに一苦労したっけ。林道をたどってくる途中にも不気味な空洞が穴をのぞかせ、ゴーゴーと水音が激しかった。踏み抜きには要注意だ。

取り付きの枝に真新しいリボンが下がっている。昨年は取り付き直後から夏道を外し直登してしまった。残雪混じりの笹のブッシュは滑りやすくのっけから消耗戦だった。昨年の教訓を生かしトラバース気味に残雪の夏道を拾う。昨年とは打って変わりアルバイトを労することなく猿倉山のピークから少し下がった尾根に出た。

尾根は若いブナの純林だ。ここでも昨年は芽吹きの真っ盛りで若葉がまぶしいほどだったが、芽吹きの兆しすらない。湧水地の「護人清水」に出た。むろん深い雪の下だ。雪解けが進んだらさぞかし格好の休憩場になるところだろう。

夏道は尾根の右手を巻くように付いているが、積雪期は巻かずに雪壁を直登するのが正解だ。真新しいリボンの情報が上部に伸びている。ここでも昨年は夏道にこだわりすぎてブッシュと滑りやすい笹にしばしば阻まれた。昨年の失敗の経験を生かし、直登はきついが階段状になった残雪をたどってぐんぐん高度を上げる。昨年猿倉山の肩への取り付きで夏道を外したことが、また「護人清水」からは夏道にこだわりすぎて滑りやすい笹のブッシュに消耗したことがウソのようである。残雪期は夏道を外してもいけないが、こだわりすぎてもいけない。

ブナの幹回りには深い雪穴がぽっかり空いている。深いものは3メートルぐらいはありそう。「この穴にシートをかぶせれば風をしのげビバークできる」

同行のS男さんがいう。タテ穴なので快適とはいえないだろうが緊急避難には利用されていい。ところで幹回りの雪穴はなぜできるのか、ふと気になった。よく見かける割には知らないというのは長年山に登っている者には恥しい。この機会に調べてみた。

正式には「根開き」、もしくは「根回り穴」と呼ばれる。早春、気温が徐々に上昇し水が凍らなくなると、降り注いだ太陽の光は、雪に反射して樹の表面に当たり、樹の表面は、雪に反射した光を吸収して暖まり、樹の幹や枝に付着した雪が溶け出す。溶けた雪は水となって、樹の幹を伝って下に流れ、根元の雪を溶かす。溶かされた根元の雪は再び水となって、樹の幹の根元を中心に、徐々に周囲の雪も溶かしてゆき、「根開き」の状態になるという。

ひと登りで傾斜が緩んでくると5センチほど新雪を踏んでいく。先日の寒気の流入で新雪が積もったのだ。辺りは依然ブナの純林が続く。5月になっても深い雪に覆われているほどの豪雪地帯。冷涼な環境を好むブナしか生育しないのだろう。5月になって新雪を踏めるなんて愉しいことだ。急登を登り終えてほっと一息入れていると、車止めで身支度中だった単独の男がすたすた登ってきた。

「どちらからですか」

「新津市から」

「新津市」は新潟市に編入合併されてもうその行政区名はなくなっているのに、わざわざ旧市名でいうのはその名に限りない愛着があるからだろう。

私は昨年この山に登りにきて、老女将と東京暮らしから戻った娘さんと2人で切り盛りしている魚沼市須原の民宿に前泊した。老女将とてんこ盛りの山菜料理を前によもやま話に高じた。須原は旧守門村。温厚そうな老女将は魚沼市との合併に話題が及ぶと「合併してよくなったことはないね。水道料は上がるし、孫の保育料も上がった。あるとすれば住所が短くなったことぐらい」と皮肉たっぷりに言った。「北魚沼郡守門村須原」が「魚沼市須原」と短くなったという意味だ。

「平成の大合併」は、合併にともなう臨時の財政支援が組まれ、国主導の大合併だった。合併が終われば財政支援は終わる。我が大阪では反対運動が広がり合併に与することはなかったが、全国的には財政支援の「人参」が効を奏した。

しかし物事はただ広く大きくなればいいというものでない。行政サービスは住民負担の大きい側に合わされ、きめ細かい行政サービスが行き届かなくなる。50人学級より35人学級の方が一人ひとりの子どもに教師の目が行き届くのと同じことだ。響きのいい守門村の名が消えたことに一抹の寂しさを感じていた私は老女将の嘆きに同感した。

風が冷たい。だらだら下ればダケカンバの林の中にぽっかり平坦地の「谷内平」が広がった。雪がなければ草原の中で腰を下ろしたくなるようなオアシスだろう。やせ尾根に差しかかると主稜線がうんと近づいて見える。その細い尾根に雪庇状の雪塊が1～2メートル乗っかっている。痩せているといってもある程度幅があるので恐怖感はないが、踏み外さないよう注意を払っていく。昨年ここを通過した際には雪解けした斜面にお花も見られた。それがまったくない。

谷を挟んで右手の斜面から「ドドッ」と雪が崩れる音が轟いた。目を懲らすと斜面に雪片が崩れ落ちデブリができている。新雪が降っても落ちるし気温が上昇して雪面が緩んでも落ちていく。こんなところに乗っかかると雪の塊とともに転落だ。慎重に慎重に通過する。

やせ尾根が雪面の急斜面に差しかかってきたところで急登に備えて腹ごしらえだ。といっても行動食の立ち食いである。眼前に迫ってきた主稜線は依然ガスがまとわりついている。まったく「晴れ」の予報はどこへ行ったのだろう。恨めしく空を見上げる。少しでも長居すると身体がぞくぞくしてくる。やおら腰をあげて急登に臨んだ。見かけは急登に見えたが傾斜は見た目ほどでなく、快調に高度を上げる。黙々登っているとしばしば前を行く相方の尻に頭突きをくわしてしまう。相方をせかすことになって失礼だが、こういう時は私の快調なときだ。間もなく「中間点」と書かれたプレートが落ちている。「大分登ってきているはずなのにまだ半分か」なんて思ってしまう。この「中間点」のプレートは多分二口の登山口を起点にしてのことだろう。私たちはその手前の車止めから林道を歩いてきたので高度差にして半ばを超え、距離にして7割方こなしているはずだ。

「ここで下る。１人で山頂に向かってほしい」

　突然同行の相方が申し出た。数年前白山山系の笈ヶ岳に一緒したときにも彼は途中で断念。一人旅で山頂に向かったことがある。そういう体験があるだけにこの言葉に甘えさせてもらうことにした。彼は自らの体力を冷静に見つめ、下山の体力を温存させての判断だ。申し出を尊重しよう。丁度標高は１１００メートルの地点。奇しくも昨年雷雨で撤退したほぼ同じ地点だ。

「半分以上登った。山頂にこだわりはしない。あそこが僕にとっての山頂」

　下山してから彼はそういって屈託がなかった。

「はっきりした踏み跡があるし、リボンの情報もある。下山ルートを外すことはまずない。雪壁での滑落に気を付けて」

　私は滑落を強調した。というのも数年前同じくゴールデンウィークに上越国境の巻機山に山スキーに出かけた際、同行の人が井戸ノ壁で滑落し「根開き」の穴に転落。骨折事故を起こしたことがあるからだ。一人旅になって俄然ピッチがあがり、腰を下ろしている相方の姿がみるみる小さくなる。ついには視界から消えていった。今日はいつにもまして身体が軽い。毎日２キロ駅まで速足で歩き、ほぼ毎週近場の山を歩きトレーニング。心肺機能が高まり筋力が鍛えられているからだろう。くわえて昨夜もよく眠れて不調の要因になる寝不足もない。山に来て不調なことほど嫌なことはない。苦しさに風景は目に入らず、風のささやきも耳に残らない。

　間もなく森林限界に出た。灌木がちらほら見られるだけの雪の大斜面が延々上方に伸びている。

右手の尾根が迫り主稜線に合わす地点が望まれてきた。新雪が20センチほどに増した。新雪だというのに意外と雪は締まっている。間もなく主稜線に合わせた(10時40分)。といってもだだっ広い雪原状でこれといって目印があるわけでない。大岳側には依然ガスがまとわりついているものの、守門岳方面はガスが取れてきている。ブラボー。

雪原をたどると凹地に腰を下ろしている男に出会った。先行して行った、かなり高齢と思しきあの「新津」氏だ。

「穴を掘ってガスが取れるのを待ちました。先ほどからガスが取れてきた」

彼は笑顔で答える。守門岳の女神が微笑みかけてきたようだ。

「どうやって穴を掘ったんですか」

凹地をピッケルで掘り下げたとのこと。ストックではこの作業はできないが、ピッケルなら可能だ。こんな平坦な雪原でガスが出ていたら迷うこと請け合いである。穴にしけ込んでガスが取れるのを待ったのは賢明な判断だ。さほど強風でもさほど冷たいというわけではない。しかし動きを止めて身体を風にさらしていると確実に体温が奪われていく。凹地で身を潜めたのは雪山のセオリー通りだ。

山頂まではまだひと歩きあるとのこと。口ぶりから何度も守門岳に登っているようだ。一緒させてもらうことにして彼の身支度を待った。お年を聞くと間もなく75歳になるという。これにはびっくり。風貌からいって年上だとは思われたがそんな年には見えない。

「私も間もなく68になりますが、ぜひあやかりたい」

思わず口に出た。利尻山から宮之浦岳まで全国の名峰を登り、気に入った山には季節を変えて何度も登っているという。しかし深田百名山完登にはこだわらず近畿の大峰や大台山系には足を伸ばしていないとのこと。どうも大峰や大台は地味な印象があるらしい。

「大峰や台高の山は渋いがなかなかいい山です。近畿の山にもぜひ足を伸ばしてください」

私は「おらが山」を吹聴しておいた。

新雪が深くなってきた。所々にブッシュが顔を出している。よく見るとそのブッシュにエビの尻尾が伸びているではないか。この時期にエビの尻尾にお目にかかれるとは驚きである。一昨日来の寒気がもたらしたものだ。写真に収めようとファインダーをのぞいたものの、雪目になっていてよく見えない。サングラスをもってきたのにかけなかったことを反省。やむなく当てずっぽうにシャッターを切る。下山してから確かめてみると構図的にはまずまずだった。折角苦労をして久恋の山に来て写真がパーというのでは登頂の意義が半減してしまう。

大岳側を振り返ると雪庇が見えている。大きい。落差は20～30メートルはあるだろうか。むろんそれは絶壁の高さをいうのであって、絶壁の下部もかなりの斜度で大きく落ちている。聞きしに勝る大雪庇だ。その先で守門岳のピーク側にも大雪庇が見えだした。

山頂直下はジグザグのステップを切り、6時間近くをかけてようよう守門岳の山頂に立った（11時23分）。標高差は1000メートルをちょっと超える程度の山なのに、6時間を要するとはさすが雪山だ。昨年途中撤退した山である。今回も丸2日間雨降りが止むのを待った山である。歓びがふつふつとわいてくる。山頂は遮るものが一切ない。360度の展望がほしいままだ。まだ真っ白の上信越の山並みがずらりとひしめいている。越後駒ヶ岳や中ノ岳はちょっともやっていて残念。只見の名峰・浅草岳が大きい。守門岳の先には〈来れるものなら来てみろ〉とばかりに、鋭い雪稜のピークが頭を出している。振り返れば守門岳の長稜の北端には大岳がでんと大きい。「新津」氏が登頂の記念撮影を勧めてくれる。思わずガッツポーズが出た。山名の標柱にエビの尻尾がしっかりこびり付き山名が隠れているのは残念。

「三角点がありますよ」

三角点にはあまり関心がない私だが、折角のお勧めに三角点タッチのポーズを撮っていただく。撮影と山座同定に夢中になっているうちに青空が広がってきた。明確に回復の兆しだ。もうガスられるおそれはない。

短い山頂を後にした。下山時の写真テーマは人物の点景を入れて雪庇の大きさを表現することである。「新津」氏に先に下ってもらい大雪庇が望めるポイントで「新津」氏が画角内に入るのを待った。構図を変え露出を変えて数カットを撮る。下山は快調である。主稜線から二口ルートの尾根に入り急斜面をキックステップで下る。下方に人影が見える。果ては相方が気を取り直してここまで登ってきたか。彼の名を大声で呼んだが応答はない。その人影は別人だった。彼は写真撮影が目的で山頂には向かわないとのことだ。S男さんの情報を聞くと、「滝見」付近で出会ったというからもう下山していることは間違いない。さらに若い2グループが登ってきた。

「あとどれぐらいかかるでしょうか」
いずれも疲れ切った声で問いかけてくる。この急登にほとほと音を上げている。
「ガスが取れて晴れ間が広がってきている。大雪庇がすばらしいですよ」
その声に彼らは俄然目を輝かせた。

雪の斜面にクッションを効かせてリズミカルな下山だ。「護人清水」への激下りで転倒したものの滑落は免れ大事には至らず。二口の登山口に無事下山した。林道をたどって車止めに戻った（14時18分）。

下山は3時間足らず、登りの半分のタイムで下ってきた。S男さんも無事戻っていた。駐車の車がさらに増えている。その割には入山者に出会わなかった。辺りはまだ残雪に覆われている。山菜採りとは考えられない。山スキーの人たちだろう。二口コースは途中やせ尾根があるので山スキーには向かないが、多分北隣の大岳から伸びる尾根が適地なのだろう。山スキーに高じられる越後の山好きたちをうらやましく思いながら守門岳を後にした。

（山行日　2013年5月4日）

第17話　三条ノ滝〜燧ヶ岳（2356メートル）

……福島第一原発事故直後、復興支援の願い込めて人影少ない尾瀬を訪ねる

尾瀬ヶ原（現地では単に「原」と呼ばれている。以下「原」と略）を取り巻く燧ヶ岳と至仏山は深田百名山にも数えられ、「原」と切り離しがたい名峰である。広大な「原」を流れる無数の水路が一つに集まり只見川となって「原」を流れ出る。水量豊かな只見川は滑床《なめとこ》の滝を経て三条ノ滝となって落差100メートルを豪快に落ちる。

東日本大震災と東京電力福島第一原発事故直後、東北を訪れることが元気にすること、復興支援だと思い、訪れる人も疎らな三条ノ滝を訪ね、「原」から燧ヶ岳を越えた。

「原」一帯は東京電力が所有し、東電が林道や木道を整備している。福島第一原発事故の処理費用がかさむことを理由に木道整備を削減しようとしていることを耳にして驚いた。

8月15日9時30分、御池の駐車場をスタート。平日とはいえお盆の最中というのに、駐車場は半分ほどしか埋まっていない。今夏の尾瀬は例年の4割の人出だとニュースは伝えていた。いうまでもなく東電福島第一原発事故の放射能汚染の影響だ。ましてや御池は尾瀬の福島県側からの入山基地だ。「福島」と聞くだけで尾瀬は敬遠されてしまう。しかし尾瀬は福島原発から100キロ以上離れ

ており、しかも風上の西側だ。放射線量が高いのは福島県の中通り辺りまでで、会津地方や尾瀬ヶ原は低い。しかし入山を控えようとするのは人情だろう。60代後半に差し掛かっている私たち夫婦は、成長期の子どもに比べると放射能の感受性は数分の一である。放射能を気にせず尾瀬を訪れた。

「ここは放射能は普段と変わらないのにねえ。福島というだけで来てくれないんですよ。おまけに100年に一度あるかないかの水害。今夏はさっぱり」

下山後檜枝岐《ひのえまた》で宿泊した民宿の女将は嘆き節だ。実際、宿泊客は常連客の男を除いて私たち夫婦だけ。私は東北を訪れ僅かでもお金を落とし、見聞したことを語ることも復興支援の一つだと思う。

雲が出ているが青空ものぞいている。気温22度。今夏も下界は猛暑が続いているが、ここは1500メートルの高所とあってさすがにさわやかだ。駐車場を歩き出してまもなく燧ヶ岳への分岐を左に分け、深い針葉樹林帯に延びる木道を黙々歩く。木道歩きに飽きる頃、樹林が切れてパッと明るくなる。御池田代《たしろ》だ。尾瀬を代表する景観である。「原」に入らなくても尾瀬の山域ではあちこちで湿原に出合える。

「尾瀬では湿原のことを田代というんだ」

妻にうんちくを披瀝した。

「何故田代というんだろう？　尾瀬に入った先人には湿原の池糖や草原が田に見えたのではない？田の代わり、つまり田代なのでは」

妻は推理した。上越国境の苗場山も山上の湿原が田の苗に見えたことから名付けられた。その伝からいえば多分その推理は当たっているように思える。

再び樹林帯に入る。小さなアップダウンに飽きる頃、姫田代に出る。その先上田代、横田代、西田代、天神田代と次々草原の湿原が出迎えてくれる。燧ヶ岳はガスに隠れている。

燧裏林道の湿原を歩いていて気づいたことがある。木道というと水辺の草花を愛でながら平坦地の歩きを想像しがちだが、ここの湿原はかなり傾斜していることだ。水辺はあまり見かけられず、乾いた草原という風だ。だから平坦な木道は少なく、たいがいは傾斜して敷設されている。しかも樹林帯に入っても小岩や根張り、幹を巧妙に跨いで敷設されている。〈人間には絶対土を踏ませないぞ〉といわんばかりに延々と木道が敷かれている。

木道は一見歩きやすいように見えるが結構疲れる。傾斜のある厚板には滑り止めの木片が打ち付けられている。その木片に靴を合わせようとすると歩幅が合わない。着地の衝撃が直接身体に響く。厚板と厚板の間に段差が生じる。その段差を踏み下ろした際の衝撃が堪えるほどに大きい。木道の幅は30センチと狭い。微妙に左右に傾むき朽ちた木道を歩くのはバランス感覚がいる。クッションのない登山靴ではほとほと疲れる。木道歩きには運動靴かスニーカーが似合っている。

もう8月も半ばとあって田代の花の盛りは過ぎて華やかさはない。ミズバショウの大振りの葉が地べたに倒れ、バイケイソウの白い花心が醜く朽ちている。もうススキが長い穂を伸ばし秋の気配だ。

さて燧ヶ岳北側の山腹を巻きながら三条ノ滝へたどるルートは「燧裏林道」と呼ばれている。実は

「林道」というのでてっきり車道歩きかと思っていた。地図をよく見れば連続する「田代」の中を車道が通じているはずもないのだが、「林道」というネーミングに惑わされた。調べてみると「林道」というのは、森林の整備、保全を目的として設けられた道路の総称であって、必ずしも車道でなくていいらしい。ここでいう「林道」は文字通り「林の中の道」の意と思われる。

「この木道は東電が維持管理しているそうよ。でも今度の事故への対応で費用がかさむのでできなくなるらしい」

妻が御池の駐車場で耳にしたことを口にした。気になることだ。真偽のほどを調べてみた。


東京電力は尾瀬国立公園約3万7千ヘクタールの約4割、公園の中の特別保護地区の約7割を所有する。福島第一原子力発電所事故の放射能漏れ事故に伴う補償金を捻出するため、東京電力が保有する尾瀬の土地の売却を検討しているとの報道は確かにあった。東京電力は5月下旬、尾瀬売却を懸念する群馬県に対して「尾瀬の土地は大切な事業用資産で、現時点では売却は考えていない」と回答している。ただ「責任を持って、最小限の維持を行っていく」と付け加えていることが気になる。現に東電は尾瀬の湿原回復や木道の維持管理などのために年2億円を拠出してきたが、今後はこの費用が削られる可能性が高い（VnetJapan第57回「尾瀬を歩き、電力のこれからを考える」）という見方があってもおかしくない。

「原」には、東電尾瀬橋や東電小屋があり、東電が「原」の土地を所有していることは知られている。そもそも何故東京電力が尾瀬に土地を所有し、「林道」を維持管理しているのだろうか？

私が初めて尾瀬を訪れた際、三平峠を越えて尾瀬沼湖畔に建つ長蔵小屋に泊まった。その展示コーナーで尾瀬を開拓した平野長蔵のことを知った。19歳の長蔵は1889年（明治22）、燧ヶ岳の登山道を開き、尾瀬沼湖畔に小屋を建てたのは、1910年（明治43）のことである。「欧米に追い付き追い越せ」を合言葉に近代化と富国強兵・産業振興が叫ばれていた当時、急速に電力需要が高まり、電力資本は豪雪の尾瀬の豊富な水を見逃さなかった。1903年（明治36）尾瀬にダムを建設する水力発電計画が発表された。東京電力の前身・利根発電が尾瀬の土地を買収し、同じく東京電力の前身・関東水電が水利権を取得し、東京電力は戦後これらの土地と水利権を引き継いだのだ。

ダム計画が実現すれば「原」は完全に水没してしまう。長蔵は建設反対に立ち上がった。当時自然保護思想はまだ希薄だったと思われるが、長蔵の「原」の素晴らしさと自然保護の訴えは、徐々に反対世論をとらえていく。政府内は賛成と反対が二分され、水利権の利害対立も相まって計画は凍結された。東京電力が尾瀬の水利権を放棄し、ダム計画を最終的に断念したのは、意外と最近の1996年（平成8）になってからのことである。もし原子力発電が軌道に乗り、もう水力発電必要なしと判断したのなら皮肉なことである。東日本大震災の東電福島第一原子力発電所の原発事故が他の事故とは異質の、とてつもない被害をもたらすことを体験した国民世論は「原発ノー」を突きつけているのだから。

ダム建設は断念されたが、「原」の所有権は東京電力のままだ。「林道（木道）の整備は国立公園法によって義務づけられていないが、企業の社会的責任として維持管理しており、その延長規模は20キロ」に及ぶ（東京電力のホームページ）。

林道（木道）の整備が「企業の社会的責任」という道義的なものである限り、数十兆円もの天文学的数字に膨れ上がっている除染費用や賠償費用、原発廃炉費用を負った東京電力がその社会的責任から撤退しようとすることは十分考えられることだ。現にそのことを危惧したＮＰＯ法人「尾瀬自然保護ネットワーク」は、東京電力と環境省に対して「尾瀬の東京電力所有地は国有化を」の要望書を提出している。

ともあれ原発事故が尾瀬の林道（木道）の維持管理にまで影響しようとは思いもよらぬことである。

天神田代を過ぎてジボ沢に架かる吊り橋に出た。

「滝はすばらしかったですよ」

吊り橋の端で腰を下ろしていた若いカップルから声がかかる。長い木道歩きで十分痛めつけられた妻は、ダラダラ下って渋沢温泉小屋への分岐を分けて兎田代に出、いよいよ滝へ大下りという段になってたびたび休憩を要求。足がつる症状が出てきた。傍目にも体力の限界にきている。スポーツドリンクや栄養剤、行動食を補給してようよう三条ノ滝にたどり着いた（13時30分）。

テラスに立って滝の中段ぐらいの位置から三条ノ滝を見入る。落差１００メートル、幅30メートル。落差といい、幅といい、水量といい、日本の滝としてはスケールが大きい。さすが「原」の水を一つに集めて落ちる豪快な滝ではある。雪解けの水を集める6月頃はもっと水量が多いという。

しかし那智の滝や華厳の滝のような品を感じさせない。それにイマイチ豪快さが感じられない。

ちと期待外れである。下山後、檜枝岐の「尾瀬写真美術館」を訪ねて疑問が解けた。この美術館は山岳写真家・白簱史朗の写真が展示されている。白簱史朗といえば国内はいうに及ばず世界の山々を撮り続けてきた山岳写真の大家。若い頃白簱史朗の著作を読んで山岳写真の撮り方を学んだものだ。私が山岳写真の理屈を言っているのはたいがい氏の受け売りである。

白簱史朗は国内の山では南アルプスや富士山とともに尾瀬を撮り尽くすことがライフワークだった。尾瀬の良さを知り尽くしているといっていい。吹き抜けの2階の天井まで壁一面に三条ノ滝が大伸ばしされていた。さすがに迫力がある。見てきた三条ノ滝と目の前にある壁一面の滝とどこに違いがあるのだろうか。それは壁面一杯に引き伸ばされた写真の大きさにあるのではなく、滝を見る目線の高さに違いがあることにすぐ気がついた。私が立ったテラスよりさらに下がった位置から撮っているのだ。滝の底に降りた仰角では滝の全貌を写し得ないし豪快さも出ない。さりとて私が立った中ほどでも迫力が出ない。名瀑をもっとも名瀑らしく撮るにはどの位置か、微妙な位置を計算し尽くして撮られている。

三条ノ滝を探勝して「原」の見晴に向かう。木道から解放されて只見川に沿ってゆるゆる登っていく。「原」側から軽装のハイカーがどんどん滝見にやってくる。妻の歩みが心配されたが、自分のペースを守れば歩けそう。下からゴーゴー水音が駆け上がってくる。岩場の急登を登り切ると平滑の滝が見下ろされた。

ようやく南北に長い「原」の北端にあたる元温泉小屋に着いた(15時)。今宵の宿は「原」を存分愉しむために「原」を縦断した南端の山ノ鼻に予約しているが、平坦な木道歩きとはいえさらに2時間以上かかる。妻の体調からいってそこまで行くことはとても無理だ。さらに小1時間歩いてようよう見晴に着いた(15時40分)。見晴の入り口にある弥四郎小屋に飛び込み事情を話すと宿泊はOK。山ノ鼻にある国民宿舎をキャンセルする労まで取ってくれた。今宵は十分休み明日の燧ヶ岳の登山に備えよう。

16日朝、「原」特有の朝霧が立ち込めている。気温が上昇するにつれて取れていくだろう。7時25分、燧ヶ岳に向けてスタート。見晴新道は標高差900メートル。コースタイムは3時間30分だが、私たちはその1・5倍の5時間を見込んでおこう。

しばらく気持ちのいい木道をたどり尾瀬沼への分岐を分けると地道になる。燧ヶ岳はコニーデ型火山だからすそ野は緩く長く続く。ブナの巨木が混じる自然林の中を行くと「ジ、ジ、ジ」「ホーホケキョ」と蝉と鳥の鳴き声が森の森閑を支配している。徐々に傾斜が増し岩のごつごつした歩きにくい枯れ沢を行く。天空に青空がのぞいている。気温が上がり暑くなってきた。長袖を脱ぎTシャツ1枚になる。〈この調子じゃ直射に見舞われたらかなわんなあ〉と樹林限界へ抜けた時のことを思い巡らした。しかしそう容易には稜線に立たせてくれない。

谷間の上方から涼風が舞い降りてくる。実に心地いい。妻のペースに合わせ私たちは休み休みだ。何組ものグループに道を譲る。

2100メートル付近から枯れ沢を離れ柴安嵓《ぐら》の尾根に出た。鞍部の奥に見えるのは燧ヶ岳のもう一つのピークの俎嵓《まないたぐら》だ。柴安嵓まではまだ100メートル以上ありそう。たかが100メートルほどでも疲れてきた足にはうんざり。雲間から直射が容赦なく照りつける。今朝の「原」は長袖で丁度よい気温だった。それが高度を800メートル上げたというのにTシャツだけでも暑い。もうすっかりハイマツとシャクナゲの低木帯になった斜面に涼しい風が這い上がってくる。私も妻も「涼しい。いい風だ」を連発。

すっかり視界を妨げるものがなくなり、「原」とその奥に至仏山のシルエットが見える。20年前の5月初旬、その至仏山の山頂から滑降したことを懐かしく思い出す。その前日燧ヶ岳を滑降したが新雪に板を取られ転倒の連続。率直にいって快適な滑降ではなかった。新雪が降ったというのは本当のことである。真冬並みの寒気が流入し季節外れの吹雪模様となり、新雪が30センチも積もったのだ。しかし至仏山の上部は強風で新雪が吹き飛ばされ、粗目《ざらめ》の堅雪が顔を出していた。春スキーで粗目というのは中級のスキーヤーにとっては極上の雪質である。ターンを切るたびにテールが巻き上げた粗目が「ザー」と音を立てて斜面を転げ落ちていく。後ろから追ってくるその音が今も耳元に鮮やかだ。「原」に飛び込んでいくような感覚の滑降は得も言われぬ野趣があった。

柴安嵓にはようやく13時に着いた。途中ブッシュに迷い込むトラブルもあって実に5時間30分を要したことになる。燧ヶ岳には柴安嵓と俎嵓の二つのピークがある。柴安嵓（2356メートル）の方が少し高い。いずれも東北の最高峰である。尾瀬沼が初めて見えた。かつて吹雪の中を越えた三平峠も長蔵小屋が建つ湖畔もはっきり見える。俎嵓にガスがかかり始めた。まだ視界のあるうちに俎嵓に立っておきたい。先を急いだ。南側から風があり、吹き上げるガスが鞍部を越えるのを押しとどめている。押し戻したかと思えば押し返される。そのせめぎ合いをしばし眺める。俎嵓の山頂からは前景が取れ尾瀬沼の全景が広がった。

御池に向かって下山開始。ガスが出てかんかん照りは免れ、下山は快適かと思われた。しかし小岩を踏む枯れ沢の急降下はなかなか歩きづらい。熊沢田代で後続が見えないことをいいことに湿原の木道に寝転んで大休止。二つ目の広沢田代を過ぎて急降下が始まると妻は再び大ブレーキだ。休み休み、だましだまし下山し、御池に着いた頃には夕刻が迫っていた(17時30分)。

燧ヶ岳は二度目の登山だ。ルートを変え季節を変え妻と登った今回は、初めて登るような新鮮な燧ヶ岳だった。

(山行日　2011年8月15~16日)

第18話　以東岳（1772メートル）

……山頂から望むのびやかな尾根に散りばめられた、紅葉のパッチワークに目を奪われ続けた

以東岳は山形・新潟県境に横たわる朝日連峰の北部に位置する山である。以東岳から大朝日岳にかけての稜線、あるいはその逆方向から望む写真を眺めると、何という穏やかな、量感あふれる尾根であることか。この豊かな尾根をこの目で眺めてみたいと憧れ続けてきた。

それに以東岳と切っても切れない大鳥池とそのほとりにひっそり佇む大鳥小屋にも泊まってみたい。大鳥池はタキタロウという怪魚が生息する伝説がある神秘の湖である。この山は日帰りピストンする強者《つわもの》がいないわけではない。湖のほとりに建つ大鳥小屋に泊まってじっくり東北の名峰を味わってみたい。

山頂から大朝日岳に至る尾根の眺めは期待を裏切らず、縦走したくなった。

Y男さんに登山口の泡滝ダムに送ってもらい、10月5日、12時丁度スタートを切る。今日は大鳥小屋まで3時間のコースタイムだ。

快晴。泡滝ダムサイト横から登山道が始まる。大鳥池直下の急登までは大鳥川沿いの平坦な登山道を行く。久しぶりに寝袋やマット、食材や炊事用具を担ぎ、肩にずしりと重荷が食い込む。水は

小屋で得られるので担がなくていいのが幸いだ。殿《しんがり》を歩くことが多い私が珍しくトップを買って出てペースオーバーにならないようピッチを落として歩く。

避難小屋泊まりの山行では山飯のメニューが悩みの種だ。山に来て旨いものを腹いっぱい食べ、エネルギーを溜めて元気に歩きたいものだ。しかし53年間も山を歩いているというのに山メシに得意のメニューがない。というのも若い頃から幕営サイト地や小屋にたどり着くと食欲が極端に落ちる質だった。それで食べることにあまり関心が向かなかったのだ。せいぜいレトルトのご飯にカレーを温めてぶっかけるか、日持ちする柿の葉寿司にインスタントの味噌汁程度である。

「食材や炊事道具は担ぐので、メニューを考えてほしい」

事前にY女さんにメニューをお願いした。彼女が考えてくれたのはキノコナベ。野菜もたっぷり取れてたんぱく質も取れるメニューだ。ご飯ものはその煮汁で雑炊することになった。スーパーで食材を買い出しし、事前に太ネギやキノコはナイフでカットし、ポリ袋に入れてコンパクトにまとめてきた。出汁の素や味出しを兼ねた肉だんごを準備し、本格キノコナベだ。翌朝の朝食もしっかり準備した。それで重荷になったのだが食事が愉しみである。山にきて食事が愉しみというのは久しぶりのことだ。

1時間ほど歩いて冷水沢の吊り橋を渡る。通行は1人に限定されており、前の人が渡り切ったのを待って渡り始める。かなり上下に揺れる。揺れの周期と歩くリズムが共鳴するとさらに揺れが大きくなってしまう。揺れの凸がきたときに踏み足を置き、揺れを相殺するようタイミングを取る。

後日、日本一高い高層ビル「アベノハルカス」(大阪市阿倍野区)に地震の揺れを抑える装置が備えられていることをテレビ番組で知った。ビルの基礎部分に設置される免震装置とは仕組みの異なるものだ。バカでかい大型の振り子がビルの中層階部に備え付けられ、揺れを相殺するという仕組みだ。吊り橋の揺れの凸が来た時に足を置くのは理にかなっていると得心した。

東日本大地震の時、震源から遠く離れた大阪の揺れは、激しいものではなかったが、長くゆっくり続き、くらくら目まいを感じさせる不快なものだった。長周期振動の特徴である。長周期振動は超高層ビルにより大きな影響をもたらした。250メートルの大阪府咲州庁舎の上層階では2・7メートルの振幅となり、職員を恐怖に陥らせた。窓ガラスが割れ、エレベーターが止まり長時間閉じ込められた人が多数あっただけに、吊り橋の揺れはそのことを思い起こさせた。

山にきてこういう科学することも愉しいことだ。

夫婦連れがキノコ採りしている。すでに大型のポリ袋一杯になっているというのに草むらに入り込んで夢中だ。

「何というキノコを採っているんですか」

「もだし」

聞き慣れないのはこの地方の呼び名。ナラタケのことだそうだ。

「大鳥小屋での今宵のメニューはキノコナベです」

「もだしを一品加えたらどうですか」

「もだし」のおすそ分けをいただくことになった。私は中毒を恐れてキノコに限らず山の幸にはずっと手を出さないできた。しかし地元の人が大量に採取しているのをみて、「もだし」は安全な食材だと確信した。しかしT女さんはまだ警戒心を緩めないでいる。

冷水沢の吊り橋と同じ構造の七ツ滝沢の吊り橋を渡り、大鳥池から流れ出る七ツ沢滝川沿いを登っていく。間もなく七ツ沢滝川から離れ、高巻き道になると至る所に山腹から沢水が落ち、柄杓が備え付けられている。何度か山の恵みをいただいた。ジグザグを切り平坦地に出れば、ブナ林をしばらくで、大鳥小屋に着いた(15時前)。

小屋は2階建て構造の大型だ。100人収容という。アルプスや百名山に数えられている山の小屋ならいざ知らず、地方の山でこれほど収容できる大型の小屋というのは珍しい。以東岳はそれほどに多くの登山者を迎え入れているようだ。7月中旬から8月中とシーズン中の週末に管理人が入る。

今宵の泊り客は東京からやってきた若者2人グループと泡滝ダムを同じ頃出発してきた女性2人グループに単独行の男、それに私たち4人を含めて総勢9人。2人組グループはそれぞれ縦走組だ。私たちは広々とした畳敷きに好き勝手に寝場所を陣取った。

まだ15時を回ったばかりだというのに為すこともなく夕食の準備に取りかかる。「もだし」を丁寧に水洗いし、スーパーで買い出ししてきた食材に「もだし」をナベに加える。キノコナベはいつになく食が進み、お腹をたっぷり満たした。

この小屋はなかなか気に入った。小屋内にトイレが4ブースあり、しかも洋式の便器だ。スキーで何度も何度も捻挫してそんきょの姿勢を取ることが苦痛な私は和式の便器が苦手である。洋式便器は大助かりだ。炊事場は室内にある。むろんテン泊用は野外にある。

素泊まりのこの小屋には炊事場はあっても食堂というものがない。食事は備え付けの板敷のパネルをそれぞれ陣取った寝場所へ持ち込んでやるのだ。パネルで煮炊きもできる。ブリキで覆ったパネルは、縁が角材で囲ってある。ブリキで覆っているのはバーナーの熱でパネルを焦がしたり、燃やすことがないようにするためだ。角材で囲っているのは汁物などをこぼしても畳を汚さないためだ。パネルはグループが陣取った寝場所で食事を囲めるよう心憎いまでのツールなのだ。欲を言えば低い足を付けて食卓状であれば作業しやすいし、食事もとりやすい。ともあれ素泊まり小屋ならではの工夫に感謝である。

「協力金1500円お願いします」

玄関口に置かれたボックスに利用料の投函が呼びけられている。快く1500円を投げ入れた。

夕食を終えて独り大鳥池前に佇む。大鳥小屋は別名タキタロウ山荘と呼ばれている。大鳥池に怪魚タキタロウが生息しているという伝説があるからだ。湖面は何事もないかのように静まり返り、残照に赤く染まった稜線を映している。明日は下り坂の予報。今日の好天が何とか持ってほしい。

6日6時スタート。肌寒い。1枚羽織った。気になる空は高曇り。何とか持ちそうだ。山頂までピストンなので荷のほとんどは小屋に置いて行く。

〈稜線に出るまで、山頂に立つまで、何とか空は持ってほしい〉
大朝日岳へののびやかな量感あふれる稜線展望をこの目で見たい——祈るように念じながら歩き出す。池の水が七ツ滝沢となって流れ出るところに碑が建つ。大鳥池は以東岳と切り離しがたい池である。大鳥池は人工の池なのか、自然の池なのか関心があって碑文をのぞき込む。他では知ることができない貴重な記録である。少し長いが碑文を引いておきたい。

大鳥池は山腹崩壊により、渓谷が堰き止められ誕生したもので、幻の魚タキタローが棲むといわれる神秘の湖である。この湖に制水門を設置し、その貯溜水を渇水時の捕水源とするため赤川土功会が明治二十年、大正三年の二度にわたって調査を行ったが、朝日連峰、以東岳の直下九六〇米の高所のため実現するに至らなかった。その後紆余曲折を経て昭和八年ようやく県営事業として大鳥湖用水改良事業が着工され、湖の流出口に高さ三米の制水門を設置し、百十万二千立方米の水を貯水し赤川流域一万二千ヘクタールあまりにかんがい補水した。工事は困難を極め、資材はすべて人肩によって運搬され血が滲むような苦難を乗り越えて、昭和九年僅か二ヶ年で竣工したものである。この貴重な施設も過酷な自然条件にさらされ危険な状態になったため、この度県営ため池等整備事業として全面的な改築を計画、昭和五十九年着工、空輸による資材運搬と最新の技術を結集し、五億二千百万円を費やして平成二年見事完成したものである。ここに完工を記念し碑を建てて、先人の偉業を刻し永く後世に伝えるものである。

制水門を設けることによって水面を3メートルかさ上げし、灌漑用の水を確保したのだ。池というと湖より小さい場合に使われる印象の言葉だ。しかも人工的に作られたという語感を感じる。しかし大鳥池はかなり広く湖といっていいほどだが、人工の手が加わっているので池と呼ばれているようだ。それにしてもまだ重機がなかった時代、奥深い山中の工事のために人の肩に頼って資材を担ぎ上げ工事を成し遂げたというのは驚きである。私たちがたどってきた道は、資材を担ぎ上げたボッカ道だったのだ。

大鳥池サイドを半周ほどして山腹に取り付く。背丈の低い灌木地帯を黙々登っていくと見る見る高度を上げる。見上げれば色づいた灌木が山腹を埋め、見下ろせばこれまた色づいた灌木越しに大鳥池が見下ろされる。大きかった大鳥池がもう小さくなっている。大鳥池の形は仕留めたクマの皮を広げたようだといわれる。なるほどよく似ている。さらに高度を上げると稜線直下に草紅葉の草原が広がる。高曇りで光がない。光があればもっと鮮やかに眺められるだろうにちと残念。もう稜線は近い。山頂小屋が見えてきた。

稜線に出て間もなくこぢんまりした山頂小屋に着いた。小屋横から山岳展望が広がる。真っ先に目に飛び込んできたのは、緩く両翼に整ったスカイラインを下ろす霞んだ鳥海山。その右手にこれまた均整の取れた両翼を緩く下ろす、シルエットの月山だ。東北を代表する二つの名峰が形よく並んで見えるのはこの位置だけだろう。山頂部が白っぽく見える。一昨日の冷え込みで2000メートル前後では雪になったのだ。

山頂小屋を覗いてみると小綺麗。快適な一夜を過ごせそうだが、水が得られない。担ぎ上げなければならないというのはつらい。

山頂までひと登りだ。

Y女さんがしゃがみこんで消え残っている雪をつかんでいる。一昨日の冷え込みは1700メートルの以東岳でも雪になったのだ。うねうねと延びる大朝日岳への稜線の大展望が飛び込んできた。これぞ写真で何度も眺めた稜線だ。

「雪だ」

山頂に立つと(8時50分)先刻より僅かに高度を上げただけというのに、キュンと形のいい尖りを見せる大朝日岳からうねうねと延びる稜線が高度感をいっそう増して引き込まれそうな眺めだ。豪雪に削り取られたたおやかな尾根。ハイマツのグリーンベルトに、色づいた灌木がパッチワークのようにちりばめられている。その稜線にくっきり縦走路が延びる。

槍ヶ岳や穂高岳から望む岩稜の稜線は若い胸を躍らせ、赤牛岳から望む黒部湖へ伸びる稜線は北アルプスの奥深さを感じさせ、羅臼岳から望む知床半島の稜線は、地の果ての神秘に食い入った。稜線のスケールにその都度飲み込まれたものだが、大朝日岳への稜線はそれらの趣とは異なる、すごみを感じさせるほどだ。

機会があれば大朝日岳へ、あるいは大朝日岳からこの連峰を縦走してみたい、その気持ちが一気に高まった。

飯豊連峰は馬鹿でかいマッスの山塊にしか見えない。圧倒的存在感を見せるのはやはり鳥海山と月山だ。ツインのピークを見せるのは磐梯山だろう。

名残惜しんで下山開始。大鳥小屋へ下山途中までに幾組かのグループや単独行の人が登ってくる。昨夜大鳥小屋に登ったグループではない。今朝泡滝から取り付いてきた人たちだ。さらに大鳥小屋から泡滝ダムへ下山途中でも幾グループかの人たちと出会った。今朝早く泡滝ダムをスタートしてきた人たちだ。縦走しようとすると1日目に山頂小屋まで足を踏み入れておく方が翌日以降の日程に余裕が持てるからだろう。しかし大鳥小屋の快適さは捨てがたい。大鳥小屋の快適な満足を胸に下り続けた(14時13分、泡滝ダム着)。

(山行日　2017年10月5日～6日)

山歩きで出合った意外なこと

第19話　金剛山（1125メートル）

……ふと地図で目にした「越口」は大和側と河内側と骨肉の水争いがあったところだった

大阪側や大峰山脈の高みから眺める金剛山は、両翼に緩く均整の取れたスカイラインを落とす山容は秀麗である。修験道の山として古い歴史があり、中世には楠木正成が山腹に城を築いた。金剛山は四季を通じて登られ、東の高尾山と肩を並べる超人気の山である。多い年には50センチ程の積雪があり雪景色が楽しめ、近隣の小中高校の耐寒訓練にも登られる。ロープウェイが架かり（現在運休中）、山上は遊歩道やキャンプ場、園地があり、ファミリーから高齢者まで愉しめる。

ほとんどの尾根という尾根、谷という谷には踏み跡があり、ルートが豊富である。これまでに100回以上足を運んでいるが飽きることがない。水越峠からガンドバゴバ林道を経てモミジ谷コースを歩いた時、ふと目に止めた「越口」は、河内側と大和側と水争いの史実を残す所だった。

7月19日、ちょっと遅い9時半過ぎ水越峠をスタート。すでにたくさんの車が止まっている。さすが人気の金剛山のことである。夏場の低山は陽射しを避けるために早立ちが基本だ。これまで真夏に金剛山に登った記憶がない。1100メートル余りの金剛山は低山に属する。真夏に低山に登ることは避けてきたのだ。

車止めされている林道のゲートの横から林道に入り込むと、満開のアジサイが迎えてくれる。花の盛りの時期は過ぎているが、お湿りを得てまだ花の勢いを保っている。曇り空にポツリと落ちてきた。そこそこ風もあり絶好の低山歩き日和だ。ひと歩きすると、左手の山端が切れて大和盆地側の視界が開けてきた。道標は出ていないが、地図を見ると「越口」と記されている。一見何の変哲もないところに何故わざわざ地名がついたのだろうか、ふと疑問が湧いた。

大和側から夏草に覆われた踏み跡が合わせている。心地よいせせらぎが聞こえてくる。大和側は切れ落ちており、せせらぎがするほどの沢などあるはずもないのにおかしいと思ってのぞき込んだが、夏草が茂っていて何の水音かわからない。さらに林道を進むと再び大和側に踏み跡がある。踏み込んでみると水路だった。水路は林道に沿って脇の茂みの中を流れている。明らかに大和側への引き水である。右手の河内側の谷沢には豊かな水が流れている。その先に林道にロの字型のコンクリートの管が埋められている。取水管のようだ。谷沢は堰になっている。せき止めた流れを取水管を通して大和側に流しているのだ。ちょっとした工夫で河内側へ流れるはずの流れを大和側へ落とすとは、地形の条件をうまく生かしたものだ。

帰宅してから何気なく「登山とハイキングコース徹底案内　金剛山」（岳洋社）という、1979年発行の古いガイドブックをめくっていると、「越口と水争い」というコラムが目に止まった。滅多に触れることもない内容である。要旨を紹介しておきたい。

金剛山の東側は急斜面なので、大和側（御所市）では保水力がなく、少し日照りが続くと農耕の水が不足し大騒動となった。分水嶺に少し手を加えることによって、河内側へ流れるはずの水を、大和側に引き込んだ。当初はこれといった問題も起きなかったが、河内側の開拓が進み、人口が増加して水の需要が増えた元禄（元年は１６８７年）に入ってからは、峠をはさんで険悪な雰囲気が続いた。

元禄14年、河内側が礫《はりつけ》覚悟で水路を壊し、万治ヶ滝と越口の水を同時に河内側に切り落とした。これは、血飛沫を飛ばす必死の攻防だった。即刻、双方が京都所司代に呼び出しとなり、12月には判決が出た。自然の水の流れを主張した河内側は敗れ、先取特権を盾にたたかった御所側の勝訴となり、この判決の結果は今日でもなお続いている。

判決——越口および万治ヶ滝の水はともに吐田《はんだ》郷関屋、増、名柄、豊田、宮戸、森脇六ヶ村の用水である。

最初に越口の取水場を発見し、河内側に落ちるはずの水を大和側に引き込んだのは、上田角之進という人で、まだ少年の頃であった。

地元の苗取りの歌で

名柄角之進十二や三で
水を大和へみな下す
水が大和へみな下るのも……

と角之進の功労をたたえ、名柄小学校には立派な記念碑が建てられている。

角之進がどんな人物だったか、どういう経緯で越口を開削することになったのか、関心がわいて、後日手がかりを求めて記念碑の建つ名柄小学校と上田角之進の菩提寺、日蓮宗久本寺を御所市名柄に訪ねた。

名柄小学校の校庭に立つと、大和葛城山と金剛山の鞍部に水越峠が望まれ、左手のこんもりした所がその越口のようだ。本久寺を訪れると、寺の人が奥まったところにあるこぢんまりした墓塔を案内してくれた。風化した文字は読み取れなかったがそれが角之進の墓だという。寺の人に角之進についてあれこれ聞き出していると、思いもよらず小冊子「水越川の開拓者　上田角之進」(野村恵澄著)をいただいた。角之進の三百五十年遠忌(1966年)を迎えるにあたって編まれたものである。一般には入手できない貴重なものだ。それによると——。

角之進が「越口」の開削を思い立ったのは、義父の念願を引き継いだという。河内側の農民らが「越口」を河内側へ切り落とした事件の相当以前から「越口」開削の構想はあったことが伺える。それほど吐田郷の水利が悪かったのだろう。

角之進は実地調査、土絵図の作成を用意周到に進め、村人に深意を明かさず越口の尾根筋切り抜きの工事を密かに敢行した。角之進は吐田郷の水不足を解消したことに飽き足らず、水不足に悩む大和の国一円を救済しようとする遠大な構想を持っていた。このことを知った村人は、才知に満ちた角之進がこの先どんな大事を引き起こすやも知れずと恐れをなし、刺客を回して殺害した。「越口」の水争いの史実には、吐田郷の水不足から救った大恩人を同じ村人が殺害するという悲劇が秘められていた。角之進は元和3(1617)年3月18日に没し、享年35歳とのことだから、生年は

1582年ということになる。苗取り歌の「角之進十二や三で…」開削したのであれば、「越口」を切り落としたのは1595～6年頃、1600年少し前ということになる。

村人は角之進を殺害したことを悔いたのだろう。以来50年ごとに報恩大法要が営まれ、文化13年（1816）に二百回忌、安政4年（1857）に二百五十回忌が営まれ、「南無妙法蓮華経　為善久菩提　元和三年三月十八日」と書かれた供養塔が建てられた（善久は角之進の法名）。また毎年角之進が大和側へ初めて水を流した日とされる7月18日に、五穀豊穣《ごこくほうじょう》と角之進を称える「角之進祭り」が毎年本久寺で行われている。

私にとって金剛山は六甲山と並んでもっとも入山している山だ。何度歩いても飽きないのは、山が大きく様々なバリエーションルートを愉しめるということだけでなく、こうした史実に触れ、古の人々の暮らしに想像を巡らせる愉しみがあるからだ。

ここまでに何組もの下山者と出会う。金剛山は低山とあって、夏場は涼が得られる早朝登山が当たり前なのだ。「金剛の水」で腰を下ろして山の恵みを一杯いただく。年中渇れることのない「金剛の水」はこの辺りでは名水として知られている。車止めから林道を1・5キロも手押し車を引いて大型のポリタンクに詰め込みにくる人がいるほどだ。林道の入り口が車止めされているのは、採取にくる車の混雑と「金剛の水」が荒らされるのを防止するためだろう。ここにもまだ勢いのあるアジサイが迎えてくれた。

間もなくカヤンボだ。カヤンボという地名も珍しい。これも前著の解説の紹介になるが、昔、屋根材として良質といえるカヤ（ススキ）の需要が多く、その群生地が探し求められた。この地がその群生地として知られていたことからカヤ場を意味する「カヤンボ」と呼ばれるようになったらしい。

ここでダイヤモンドトレイル（屯鶴峯《どんずるぼう》～槇尾山55キロ）は橋を渡って左に折れる。アジサイが咲き誇る林道を直進すると、まもなく林道が大きく曲がる。ここから林道は尾根まで高度を上げて行く。橋を渡った曲がり角がモミジ谷の入渓地点だ。道標は出ていないが谷に降りる踏み跡がある。おとなしそうな明るい谷である。徒渉して右岸に付くしっかりした踏み跡をたどる。取り付き地点はモミジ谷とカヤンボ谷との合流点でカヤンボ谷に迷い込む登山者もいると聞く。間違いなくモミジ谷に入っているか、GPSを取り出して確かめた。間もなく砂防の堰堤。この先堰堤を六つ越えることになる。両岸に踏み跡がない所は河床を踏む。谷は全体に花崗岩質。河床は風化した白砂。花崗岩を小さなせせらぎが滑り落ちる。

谷は涼しい風が吹き降りてきて心地よいほどだ。この時期に谷歩きを選んで正解だった。腰を下ろしていると空身の初老の男がやってきて問いかけられた。

「下りですか」

「登りです。初めてです」

「最後の20分ほどがきついです」

大分来慣れた人のようだ。彼は先行していった。しっかりした踏み跡があるとはいえ、こんな寂しい谷道にやってくる人がいるとほっとする。最後の詰めがきついことは耳にしていることである。しかし20分ほどというから、高度にして100メートル足らずだろう。

小滝の上に堰堤が見える。ここが6番目の最後の堰堤だ。右手は悪場だ。左手のザレの急斜面をよじ登ると高巻き道に出た。踏み跡から外れていたのだ。谷歩きではこういうケースがたびたびある。さらにナメに近い小滝に出た。左手に架かるトラロープを頼りに越える。いよいよ水量が減り源流の様相の、二股に出た。テープは右股につく。GPSで現在地の等高線を読み取ると1030メートル地点だ。稜線道まで100メートルを切っている。谷は狭まって急登になり枯れ谷になる。せせらぎの音に取って代わってせみの鳴き声が支配してきた。

その谷の形状もなくなり、崩れやすい砂地の急斜面をよじ登る。踏み跡は消えている。とっかかりも少なく嫌らしい斜面だが、ザレた斜面をだましだまし稜線道に出た。地図を取り出してみると、右股に入った地点で左手の小尾根に波線がついている。踏み跡は谷を詰めるのでなく小尾根についているようだ。金剛山は低山とはいえ、こうしたミニ探検の愉しみがある。たんたんと山道をたどって山頂広場に出た（12時15分）。

全天を雲が覆い陽射しなく、葉ずれがするほどに風がありしのぎやすい。梅雨どきというのに多くの人が憩っている。梅雨時の蒸し暑い大阪の近郊で、これほどの別天地があるとは思いもよらない。

金剛山の山上は広い。葛木神社や転法輪寺、山頂広場がある。大阪側から見ても大峰方面から見ても、緩やかに均整の取れたピークを持ち上げている。それでいて山上は広く変化があるのだ。これが尖塔状のピークなら多くの人を招き入れることはできない。「金剛錬成会」の事務所が置かれ、登山した証明印が押される。百回の区切りごとに毎年表彰まで行われる。広場には登山回数の上位者順に氏名が所狭しと書き出されている。1万回超えが十数人にのぼる。これを励みに毎日登山を行っている人が少なくない。金剛山は二百名山に選定されているほどに、まこと多くの人に親しまれている名山である。

さて金剛山は大阪・奈良県境の山と思われがちだが、山頂一帯は奈良県域である。大和葛城山から水越峠を経て越口まではほぼ分水嶺に沿って府県境が画されているが、六道ノ辻手前辺りから分水嶺を大きく外れて不自然にも西側（大阪側）に食い込み、千早赤阪村営ロープウェイ山頂駅の上部付近で分水嶺に復帰している。その国境線は見る限り格別自然的、地理的特徴があるとは思われない。例の「越口」の水争いの際に京都所司代が下した判決――「越口および万治ヶ滝の水はともにはんだ吐田郷関屋、増、名柄、豊田、宮戸、森脇六ヶ村の用水である」――は、その流域一帯を大和国とする国境が今も生きているように思われる。自然の水の流れよりも、大和側に流れを切り落とした先取特権を容認する考えは、「時効」や「既得権」という現代の法理論にもつながっているのだろう。

ちなみに金剛山の大和側に「郵便道」というユニークな名の登山道がある。山上の葛城神社や金剛輪寺は奈良県域であるため、寺社への郵便物は大和側の郵便局の配達夫によって届けられたことから名付けられたものだ。

下山は大日岳を経て太尾を快適に下った。もう午後だというのに何人もの人が登ってくる。中には重装備の人もいる。トレーニングのようだ。金剛山はファミリーのハイキングから、健康登山、トレーニング、ダイトレのようにロング縦走など多くの登山者を迎え入れている。峠越えの旧道に降り立つとそこは金剛バス停だった(14時9分)。

(山行日　2009年7月19日)

第20話　大船山《たいせんざん》（1786メートル）

……坊がつるを見下ろしながら蛮声張り上げた「坊がつる讃歌」は替え歌だった

坊がつるは久住山群の懐に開けた湿原の盆地である。坊がつると久住山群を称えた「坊がつる讃歌」は、山に親しむ人の心をとらえてやまない。

大船山から下山中、坊がつるを眼下に眺めながら蛮声を張り上げて口ずさむと、ふと歌詞に疑問を持った。帰宅してから調べると意外なことが分かった。替え歌だったのだ。どういう経過で替え歌が生まれるに至ったのだろうか。

大船山は全山をピンクに染め上げるほどミヤマキリシマのメッカである。私はまだミヤマキリシマが咲き誇る大船山を知らない。ピンクに染まる頃に再び訪ねてみたいものだ。


前日、長者原《ちょうじゃばる》から雨ケ池越を経て法華院温泉山荘へ入った。途中激しく長く続く雷雨に見舞われ、登山道が濁流に洗われた。雷雨襲撃のどさくさで、一緒したメンバーの1人がはぐれ、長者原に下山してしまう、思いもよらないことが起きた。

翌7月28日は、前日と打って変わって快晴。8時過ぎ山荘を出て坊がつるの湿原を横切る。坊がつるは三俣山と立中山、それに大船山に囲まれた東西0・5キロ、南北2キロの小盆地。湿原である。長者原のタデ湿原と合わせて2005年にラムサール条約に登録された。名も知らぬ穂が昨日の雨露をキラキラ光らせている。キャンプ場を見送ると、平治岳《ひいじ》と大船山の分岐。下山は大戸越《うとんこし》ルートをたどる予定だ。明るい草原からいきなりうっそうとした樹林帯に突入。岩のゴロゴロした小沢を登る。怪しげに斜光線が射し込み、苔むした岩肌を照らし出す。たかが転石にすぎない岩が神々しくさえ見える。

相方のS男さんがたびたび休憩を要求。それに応えながら超スローペースで登る。当初の予定は、はぐれて下山してしまったM男さんの希望で、大船山に登り久住山に向かう予定だった。彼が単独で久住山に向かうことになったために、私たちは大船山〜大戸越を周回して長者原に引き返すだけだ。その緩みがさらに足を鈍らせる。大戸越から平治岳にも足を伸ばしたいがどうなることやら。

傾斜が緩んで灌木が疎らな明るい草地に出た。

〈大分高度を上げた。稜線の段原《だんばら》は間もなくだろう〉

そう思いきや、あざ笑うかのように「五合目」の道標が現れた。

〈大分高度を上げてきたはずだ。一体「五合目」の付け方がどうなっているんや〉

一人毒づきながら歩を進めると、間もなく坊がつると久住山を望む展望地に出た。見下ろす坊がつるがこぢんまり見える。久住山と同じほどの高度だ。

〈確かに高度を上げているじゃないか。五合目の道標は明らかにおかしい〉

ようやく傾斜が緩み、コースタイムを大幅に上回って大船山と北大船山との鞍部の段原に出た（10時51分）。段原は火口原の米窪の縁、火口原が直下に見えるのかと思われたが、びっしり樹林に阻まれている。ガスが漂い、うっすらドーム状の大船山のシルエットが見える。米窪の火口壁は穏やかな稜線歩きである。ミヤマキリシマの株を切り開いた登山道をたどって行くと、米窪の火口原らしいところがちらり垣間見える。

昨夜法華院温泉山荘の従業員が「今年はミヤマキリシマの当たり年」といっていた。1カ月あまり前頃、この辺り一帯はミヤマキリシマのピンクに染め上げられていたのだ。ミヤマキリシマ目当ての登山者であふれていたことだろう。

が、今ではもうピンクの名残のひとかけらもない。まして人影もない。段原に出る手前で下山する女性グループに出会っただけだ。

ピンクに代わって白い花を付けた灌木が群落を成している。何という樹の花だろうか。山アジサイのような、オオカメノキのような……。相変わらず花音痴には区別も同定もできない。それではいつまでたっても花音痴から脱却できない。帰宅後ネットと花図鑑で調べてみた。どうもヤブデマリと思われるが、まだ確信はない。

ちょっと距離があるかなと思われた大船山は、直下の岩場を急登すればあっけなく山頂（1786メートル）は手に落ちた（11時37分）。久住山と同じ標高の、久住山群を代表する山だ。流れるガスが時々途切れて米窪がくっきり見下ろされる。米窪は大船山を象徴する火口である。直径がおおよそ500メートル、深さ200メートルというからかなりでかい。火口の底までびっしり樹林に覆われているものの、火口である痕跡がはっきり認められる。これから向かう段原の先にある北大船山はその火口壁の小ピークであることが分かる。足下をガスが漂い、直下の御池が静かに水をたたえている。この小池も火口だったのだ。坊がつるから眺めたドーム状の三俣山はそれと分かる火山だった。山頂直下に小池が見られる久住山はむろん火山の山だ。久住山群が火山の集合体であることがよく分かる。

御池側の斜面にもヤブデマリ（と思われる）の白い集合花の群落が広がっている。ピンクに染まるミヤマキリシマの大船山もいいかもしれない。しかし静かに乳白色のガスが流れる中、白の群落もなかなかいい。白に白が似合っている。幻想的というか幽玄というか、遠望の利かない山頂に取って代わって現れた風景に満足して大戸越に向かった。

その白の群落が絶好調に達したのは、段原を過ぎてこんもりした北大船山に差し掛かった辺りだ。白い集合花がびっしりといっていいほど咲き誇っている。北大船山のピークに差し掛かりその白い大群落の勢いが衰えてくると、狭い登山道の両サイドはそれと分かるミヤマキリシマの株、株、株。その株の発達ぶりをみると、大船山がミヤマキリシマのピンクに染まるというのはあながちオーバーな表現ではないと思われる。大船山にはミヤマキリシマとヤブデマリ（と思われる）の2種の樹木しか生育していないかのようだ。

ミヤマキリシマの株を切り開いた登山道は狭い。その株から突き出た枝が腕や胴にからみその痛いこと、痛いこと。ミヤマキリシマが咲き誇る大船山に訪れてもいいかなと思われたが、こんな狭い登山道で大渋滞に巻き込まれてはかなわない。

北大船山を越してしばらく火口壁の穏やかな尾根歩きが終われば大戸越に下り始める。

〈久住山群にきたからには「坊がつる讃歌」を歌って歩こう〉

この名曲を坊がつるで歌ったら、久住の山に来た思いがどんなに満たされることだろうと思われた。しかし昨日は雷雨に見舞われてそれどころではなかった。さりとて大船山のうっそうとした急登で口ずさむ気にもなれなかったが、ミヤマキリシマの株の中を下りながらならその余裕が出てきた。丁度ガス帯を抜け、眼下に坊がつるが見えてきた。歌い時である。辺りに人影がないことをいいことに蛮声を張り上げた。

「坊がつる讃歌」は山の歌の中でもよく親しまれている歌の一つだろう。私も山の歌の中で最も好きな歌である。何といっても叙情豊かなメロディがいい。芹洋子が「坊がつる讃歌」を歌ったことでローカルな歌が全国に広がった。一気に広がったのは彼女のさわやかな歌いぶりにもよるだろうが、口ずさみやすい叙情豊かなメロディにあるといっていい。歌いながらふと歌詞に疑問をもった。「坊がつる讃歌」はどのようにして生まれたのか、気になって帰宅後調べてみた。意外なことが知れた。以下二木紘三の解題に沿いながら、私なりに分かりやすく整理し、推理を交えながら紹介してみたい。

芹洋子がこの歌に出合ったのは、1977年(昭和52年)夏、阿蘇山麓で開かれ野外コンサートだった。若者たちが彼女のテントに遊びにきてギターを弾きながら「坊がつる讃歌」を歌った。彼女は若者たちからコンサートで歌うことを勧められた。

芹洋子はこの歌にぞっこん惚れ込み、同年NHK「みんなの歌」で歌って大ヒットした。「みんなの歌」では、歌詞の一部を一般向きに変え、4番までの歌として放送された。

私が歌詞に疑問を持ったというのは1番である。

人みな花に　酔うときも
残雪恋し　山に入り
涙を流す　山男
雪解《ゆきげ》の水に　春を知る

九州の高峰に積雪はむろんあるだろう。しかし雪深い山でもないのになぜ「残雪恋し」「雪解の水に　春を知る」なのだろうか。

1952年（昭和27年）8月、九州大学の学生で「しんつく山岳会」の松本征夫、梅木秀徳、草野一人の3人が、坊がつるの一隅にある「あせび小屋」の小屋番を頼まれて滞在していた。悪天候が続いて宿泊者も訪れず退屈だったため、3人は旧広島高等師範（現・広島大）山岳部の部歌に久住の山の名前を組み込んだ替え歌を作ることにした。

「坊がつる讃歌」は旧広島高師山岳部部歌「山男」の替え歌だったのだ。

九州大学の学生がなぜその部歌を元歌にしたのだろうか。作詞した3人のうちの1人・梅木秀徳は、大分県立日田高等学校出身である。当時旧広島高等師範（昭和14年入学）を出た葱花《ぎぼう》勲が、高校の教員として初めて赴任したのが日田高等学校だった。葱花は生徒たちとよく山に登っていたという証言がある。梅木は葱花からこの歌を教わったにちがいない。

では元歌を作詞、作曲したのは誰か。

広島大学に残されていた資料では「作詞：神尾明生、作曲：竹山仙史、編曲：芦立寛」の名前が記載されていた。しかし、原爆で古い資料が焼失していたため、それ以上のことはわからなかった。

元歌の旧広島高等師範の「山岳部第一歌・山男」は、葱花が入学したその翌年8月に発表されていた。

1978年（昭和53年）、「坊がつる讃歌」の元歌について調べていた栃木県の杉山浩という人が、1940年（昭和15年）頃、広島高師の地質鉱物学研究室の助手補に「神尾《かんお》」という人物がいたことを偶然知った。

調べたところ、それは千葉大学名誉教授（調査当時）の神尾明正で、彼が作詞者の「神尾明生」であることが明らかになった。

神尾は、大山《だいせん》あたりの四季をイメージし、「もしもしカメよ」や「荒城の月」でも歌えるように作詞した記憶がある、と語っている。しかし、彼は誰が作曲者なのかは知らなかった（「読売新聞」1978年7月9日）。

その2カ月後、宇都宮大学名誉教授（判明当時）武山信治が作曲者だとわかった。「竹山仙史」は武山信治の書道の雅号で、このとき1回だけ使ったペンネームだった。
1940年（昭和15年）の6月頃、武山は義弟（妻の弟）の芦立寛から、「いい詞があるからメロディーをつけてほしい」という手紙をもらい、一晩で作ったと語っている。芦立がそれを編曲して部歌を作り上げた。

神尾が「大山あたりの四季をイメージし」て作詞したというのは納得できる話である。大山は豪雪をもって知られる。中国地方の高校や大学の山岳部は大山をホームグランドにしていたはずだからだ。

ここからは私の推理だが、九州大学の学生が「坊がつる讃歌」の替え歌を作ったとき、「残雪恋し」「雪解の水に　春を知る」は、元歌にあった一節を残したのではないか。元歌が分からない以上あくまでも推理である。
さらに2番の歌詞も気になる。

ミヤマキリシマ　咲き誇り
山くれないに　大船の
峰を仰ぎて　山男
花の情《なさけ》を　知る者ぞ

「大船」は「大山」をかけたのではないか。

ともあれ、竹山仙史が一晩で叙情豊かな旋律に仕上げられたのは、旧広島高等師範山岳部の部歌が大山を叙情豊かに表現していたからだろう。叙情豊かな旋律は叙情豊かな詩に触発されて生まれる。「坊がつる讃歌」は瞬く間に全国に広がったのは、この叙情豊かな旋律にこそある。

何度も何度も「坊がつる讃歌」をリフレインしながら大戸越に降り立った（13時43分）。平治岳へはものの30分で立てるのだったがもうその気力は失せていた。久住山に登り長者原に引き返していたM男さんから「急いでください」と催促のメールが入った。私たちは長者原に重い足を運び続けた（16時46分、長者原着）。

今回本書をまとめるにあたって、元歌の歌詞がないかあらためて調べ直してみた。それは見つかった。旧広島高等師範学校の学舎は原爆で資料もろとも灰燼に帰したが、当時の山岳部の岳人たちは資料を残し、部歌は心に宿していたのだ。

「坊がつる讃歌」の1番の歌詞は、元歌の一部を残したのではないかと推理したのだったが、残したどころではなく、広島高等師範山岳部部歌「山男」の2番そのものだった。その部歌は神尾が「大山あたりの四季をイメージし」て作詞したことは先に触れた。私が疑問に思ったことは当を得ていた。

（山行日　2016年7月28日）

得もいえぬ山を滑べる醍醐味

第21話　八甲田山（1584メートル）

……快晴の青空にオオシラビソがぽつんぽつんと混じる、大雪原をのんびり滑降

火山らしくのびやかなスロープが伸びる八甲田山は、屈指の豪雪の山である。5月のゴールデンウィークでも雪はたっぷりある。そんな八甲田山に入るからには夏道を踏むだけでは面白くない。是非滑降したいと計画を練った。酸ヶ湯《すかゆ》温泉は八甲田山山麓に湧き出る名湯。滑降したあとこの名湯にも浸かってみたい。

八甲田山といえば、明治の陸軍がロシアとの戦争を想定して、寒冷地での予行演習のために雪中行軍中、210名のうち199名が死亡した八甲田山遭難事件を想起させる。新田次郎はその遭難事件に題材をとり「八甲田山死の彷徨」（1971年）を発表。映画化もされた。大岳避難小屋に残されたノートにこの遭難事故にかかわる記述を読んで驚いた。

5月4日早朝、酸ヶ湯温泉駐車場に停めたレンタカーの車内で寒さを感じて目覚めた。快晴。冷たい風が吹き、水たまりに氷が張っているほどだ。連休中の駐車場は車で溢れるのではないかと危惧して昨夜のうちに駐車場に入ったが意外と空いている。オフロード車が目立ち、テントを張っているグループも見かける。

辺りはまだ数メートルの雪の壁。久しぶりの大雪だった今年はとりわけ残雪が多いようだ。６時すぎ「八甲田登山口」「大岳環状ルート」の標識に導かれてスタート。このルートは夏道はなく積雪期のスキーツアーコースである。今回予定しているルートはスカユ沢から山腹を巻いて大岳避難小屋に出、大岳に登って反対（東）側の箒場《ほうきば》に滑り下るつもりだ。八甲田山の主峰・大岳を越えるのだ。通常逆コースはとられない。標高の低い箒場に下る方が高度差９００メートルの大滑降を愉しめるからだ。５月の連休中、春スキーヤーの利便ために、青森市営バスが環状道路にシャトルバスを走らせている。それを利用すればピストンコースをとらなくてよい。ロープウェイの架かる田茂萢《たもやち》岳から離れている大岳を越える滑降は、自力で登ることをいとわない登山者だけに与えられる醍醐味である。

すでに陽は高くなっているというのに人影が少ない。積雪期はとりわけ早立ちが第一というのに、登山やスキーツアーをめざす人たちはどうしているのだろう。地図に印されている鳥居が見当たらないのが気になる。車道から雪壁をよじ登ると頭だけ出した赤い鳥居を見つけた。取り付きを間違えていないことにまずはほっとする。出鼻でうろうろするとモチベーションが下がってしまう。夏道に比べれば格段に情報が少ない積雪期のルートは、一つひとつの情報を大事にしなければならない。酸ヶ湯温泉の硫黄泉の匂いがプンと鼻をつく。ここは丁度酸ヶ湯温泉の南口入り口なのだ。

シールがよく効く。ひと登りで小高い緩斜面の丘に出た。深い雪に覆われ、まろみを帯びた八甲田山裾の芽吹きはその兆しすらない。黒々しいオオシラビソが広い雪面に規則正しく斑紋を刻んでいる。標高９００メートルあまりの酸ヶ湯温泉からは、１５８４メートルの大岳が小高い丘のようにしか見えない。大岳よりも標高の低い右手の硫黄岳にいたってはほんの盛り上がりにすぎない。シュプールが逆光に光る。凍結しているのだ。

白樺の疎林が続いたあとは、オオシラビソに樹相が変わる辺りから右手に谷が狭まってきた。どうもスカユ沢コースへの分岐を見落とし、地獄沢コースに踏み込んでしまったようだ。

「絶好の天候に恵まれましたね」

腰を下ろしている2人組に声をかけて、コースを確かめた。彼らはこの地獄沢を詰めて仙人岱《たい》へ向かい、谷地温泉へ滑り降りるとのこと。やはり大岳環状ルートを外れて地獄谷のルートに入り込んでしまっていた。彼らの後についていけば安心かつ確実ではある。

〈仙人岱から大岳をめざしてもいいではないか〉

と、一旦は思ったりしたが、気を取り直して予定通り大岳環状コースをめざすことにした。予定のコースに戻るには大岳の山腹を左に大きくトラバースしなければならない。視界は十分にある。地形も複雑でなさそうだ。確実に環状コースに復帰できるはずだ。

雪面は軽く凍結。下る頃には解けているだろう。斜度が強まりしっかりシールを効かせないと後ずさりする。斜度が増した雪面でスキー板のエッジを効かせようとすると、シールが覆われていないエッジ部分は雪面をとらえることができず、かえって後ずさりしてしまう。急斜面に恐れず、雪面にしっかり板を押しつけることがシールを効かせるコツだ。

大岳直下の大雪原に出た。スタートした駐車場はすでに小さくなっている。オオシラビソのうなる風音だけが静寂を破り、稜線はかなり風が強いことを伺わせる。雪原を横切って山腹を巻きはじめると斜度が再び増す。もうシール登高は限界だ。いさぎよく板を脱いでリュックにくくり付け、ツボ足で登りはじめる。

高度を上げると春霞とも雲海ともつかぬ白いベールに岩木山が白い峰を浮かべている。オオシラビソが密生する嫌な斜面を難渋しながら横切ると、標識が顔を出し、大環状ルートの大雪原に出たことが確かめられた。背丈の低いオオシラビソがポツン、ポツンと頭を出す大雪原が広がる。小尾根に出ると井戸岳と赤倉岳、そして平坦な田茂萢岳の大展望だ。ロープウェイの駅舎までよく見える。見上げた大岳の山頂直下から、逆光に弧を描くシュプールが下りてきている。依然オオシラビソが密生する嫌なトラバースが続く。風が強まってきた。プラブーツが削る雪片がカラカラと金属音を立てて雪面を吹き散っていく。

井戸岳との鞍部に建つ大岳避難小屋は、真新しい丸太づくりだ(8時30分着)。

「風が強いですね。小屋の中は暖かいですよ」

小屋から出てきたスタート間際の単独行の男が声をかけてきた。仙人岱からやってきたという彼は、強風をいとわず板を付けるや瞬く間に雪原に消えていった。山頂までまだひと登りを残している。まだ木の香が漂う小屋で大休止を決め込んだ。私が習慣にしている小屋に備え付けのノートを見入る。山に来てより多くの情報をつかんでおくことは、危険回避の手段でもある。山への想いも共有しておきたい。

「夏でも寒い」とか「風が強い」「ガスで何も見えない」「雨降り続き」「吹雪で停滞」……不運を嘆く

記述が実に多い。好天に恵まれた登山者は展望を網膜とフイルムに焼き付け、わざわざノートに記すことは少ないだろう。それにたいして不運の登山者は、嘆きをノートにぶつけたい気持ちになりがちだ。だから八甲田山はノートに嘆かれているほどに天候不順でないかもしれない。しかし10月には冠雪し、季節風をまともに受ける冬はもちろんのこと、初夏にもヤマセの冷たい海霧をまともに受ける八甲田山が、好天に恵まれないことは確か。私は風が強いものの快晴に恵まれた幸運を密かに喜んだ。

学生やグループ、ファミリー、単独行者の記述にまじって、英文もちらほら見られる。日本の山にも最近外人の登山者をよく見かけるようになった。国際化は山にも押し掛けてきている。さらにノートをたどると防衛大学校ワンゲル部メンバーの記述が目にとまった。

明治の陸軍が厳冬の八甲田山中を行軍し、部隊が壊滅したことを一くさり述べている。199人の犠牲者を出したこの山岳遭難は世界の山岳史上例をみない。新田次郎がこの遭難に題材を得て発表した「八甲田山死の彷徨」によって、この痛ましい山岳遭難事故が一般に知られることになった。しかしこの小説は人物設定など史実からかなり離れており、あくまで新田次郎の想像力による小説として読むべきだろう。

さらに記述をたどると「わが陸軍は……」とのたまっているのにはのけ反るほどに驚いた。まるで軍人気取りだ。自衛隊は世界第2位（当時）の軍事力をもつ実力組織である。歴とした軍隊だ。だが交戦権と戦力（軍隊）の保持を禁じた憲法第9条のもとで、時の為政者は軍隊と呼べず、「自衛隊」と呼ばざるをえない。それでいいのだ。9条のしばりがなくなり、「軍」になりきってしまったら大手を振って海外の戦に出ていきかねない。

それは杞憂ではなかった。後年、安倍内閣は集団的自衛権行使容認を閣議決定した（2014年）。戦力を保持しないと定めている憲法9条のもとで、時の政権は建前だけにしても自衛隊を「専守防衛」に徹するとしてきたのを一夜にして180度転換したのだ。続いて安全保障関連法を「改正」し、「存立危機事態」と判断すれば、「専守防衛」を投げ捨て同盟国と武力行使できるとしたのだ。「存立危機事態」という判断は時の政権が恣意的に判断できる危うさを含んでいる。この国は「戦争しない国」から「戦争をする国」に大きく変容しようとしている。

彼らは自衛隊が軍隊であることをよく教育されているのだろう。ひと昔なら軍隊と名乗ること自体はばかれただろうに、臆面もなく軍隊と名乗っていることに空恐ろしさを覚えた。

9時15分、雪面を蹴り込みながら大岳へ登りはじめる。煽られそうになるほどに風は強い。高度をあげると高田大岳の端正な尖りが大きくなる。上部のハイマツにはうっすら雪さえついている。昨日か一昨日の冷え込みは雪になったのだ。雪面が切れて露岩帯に出ると、もう少し先があるのかと思われたがあっけなく山頂だ（9時35分着）。三俣蓮華山でも空木岳でも、次は山頂かといくつものニセのピークに騙されながらようやく山頂にたどり着いたものだ。それがこの大岳にはまったくない。ニセピークに騙されたら騙されたで悔しい思いをするものを、なかったらなかったで寂しいものである。我ながらなんと身勝手な思いか。

山頂から眺めると、八甲田山はせいぜい比高700～900メートル級のピークがニョキニョキ頭をもたげた山群であることがよく分かる。高度も1400～1500メートル程度で決して高峰というわけでない。マグマが次々出口を求めて噴き出し、前岳、田茂萢岳、井戸岳、石倉岳、硫黄岳、赤倉岳、高田大岳、大岳、小岳などを形作った。私が立つ大岳も北隣の井戸岳も火口をもつ。恐らく今日では風化して火口の痕跡が認められない田茂萢岳も、高田大岳も、硫黄岳も、台地に溶岩が吹き出して形成された火山である。

青森湾が意外と至近に見える。地図で確かめてみると、20キロ程度しか離れていない。好天であればそれぐらいの距離は見通せるのだ。

単独行の若者が仙人岱側から登ってきた。彼は風を避けて火口側の斜面に陣取って食事にいそしみ、私には目もくれようとしない。風が強いとはいえ、これだけの好天に八甲田山の主峰に人影がほとんどないのにあっけにとられた。私のスタートが早かったからだろうか。

そう思いながら小さな火口を回り込んで滑降の準備をしていると、3人組がシール登高で登ってきた。彼らが登ってきた雪原に目を凝らすと、さらに蟻のような人影が続いている。これぞ春スキーのメッカ八甲田山らしい。酸ヶ湯から登ってきたという彼らは、井戸岳との鞍部を越えて大岳の無木立の東側斜面を巻いてきたのだった。私は急斜面のあまり早々に板を脱いでツボ足に切り替えてしまったが、八甲田山を知り尽くしている彼らは、シール登高の優位さを最大限生かすルートをたどってきたのだ。後続のシール登高組を見ていると、雪面をすり込むように大きく板を押し出し、思い切り膝を入れてストックをつき、実に小気味よく反対側の板を運ぶ。ツボ足ではこのような大股の歩行は無理だ。シール登高ならではの効率的歩行だ。

「左側によって滑った方がいいですよ。カベがありますから」

彼らから貴重な情報を得た。私はもう待ちきれずにわくわくして雪原に躍り出る。軽く凍結し、ザラメの雪質は極上のものである。ターンを切って巻き上げられたザラメが急斜面をバラバラと音をたてて落ちていく。その落ちる音はしばらくで止まるが、次々巻き上げて落ちる連続音が背中を追いかけてくる。上級者のターンは横ずれなく板のテールが一条の雪を巻き上げていくといわれるが、中級者の私のそれはおそらく横滑りがもたらす落雪だろう。自らの舞いを振り返って確かめることができないのが残念。

下りすぎないように注意しながら数回のターンで井戸岳との鞍部の下部に出た。もう大岳は小さくなっている。低木のオオシラビソがポツンポツンと頭を出しているだけの大雪原は、直滑降ではスピードがつき、弧を描けばブレーキがかかる実に適度な斜度。これだけ広い斜面を小回りターンする気にはなれない。大回りに飽きれば直滑降で飛ばす。全く気の向くままの滑降だ。振り返ると、岩稜の井戸岳の山腹を巻いているグループも見かける。もうこの領域は山スキーのワールドだ。広い斜面にシュプールらしきものは見えず、バージンスノーの雪原を滑っているかのようだ。

シュプールが見当たらないことに、あらぬ方向に迷い込んだのではないか、不安がもたげる。しかしこれだけただ広いとシュプールを拡散させてしまうからだと思い直す。高田大岳を右手に見、遠ざからないようコース取りすればルートから外れることはないはずだ。この辺りがもっとも八甲田山らしい春スキーエリアだろう。オオシラビソが幾分密になった雪原をぬいながら、なおも滑ると突然カベに出た。恐る恐る先端に出てみるも下は見えず、数十メートルはありそうなカベである。こんなカベに突っ込んだら骨折ものの大ダイビングが待っている。これが山頂で出会ったグループが注意を呼びかけていたカベだ。

長い緩斜面がため込んだ斜度が一気に落ちているという風だ。アダージョが続けばアレグロもある。音楽に限らず物事に同じ諧調がずっと続くということはありえない。左に巻いてカベの様子が見えるほどに斜度が緩んだ地点を見つけ、斜滑降で一気に滑り降りた。

下り立った雪原は幾分狭まり、その分シュプールが鮮明になってきた。雪質もベタ雪に近づき、上部ほどに快適な滑りとはいえない。高度を下げた分風は収まり、もう高い峰に姿を変えた高田大岳のオオシラビソがゴーゴーと遠吠えしているだけだ。先行グループの一団が車座に座り込んでいる。近寄って「こんにちは」の声をかけて通り過ぎたが、話しに夢中の彼らは振り向いた様子はない。狭くなった沢筋を右に左にフリコで通過してブナ林に出る。残雪は豊かだが、斜度がなくなり漕がなければならない。切り開きをたどるとバス停の筈場だった（10時55分着）。

しばしあこがれの雪原を滑降し終えた余韻に浸りたいのに、間もなく11時丁度発のバスがやってきた。運転手に促されて慌てて乗り込む。途中八甲田温泉から垣間見える大岳はもう遥か高峰になっている。環状道路のあちこちでスキーヤーを拾ったバスは、ロープウェイ駅手前でほぼ満員。

酸ヶ湯温泉に戻るにはバスを乗り換えていく方法もあったが、思いついてロープウェイで田茂萢岳に登り、山頂から酸ヶ湯温泉へトラバースしながら滑降して下ることにした。山頂はゲレンデスキーヤーで混み合い、ロープウェイ駅に戻るダイレクトコースはコブさえできている。酸ヶ湯温泉へ大きくトラバースする田茂萢中央コースは快適な滑りとはいかない。ほとんど斜度のない下部毛無岱の雪原でコース取りを誤り、手前の城ヶ倉温泉に下ってしまう。おかげで車道を30分歩く羽目になった。

入り口と脱衣場だけ男女別々の酸ヶ湯温泉の湯船は混浴だ。大浴場にもうもうと立ち上がる湯煙の奥に、圧倒的に多い男性客に女性客たちは隅に追いやられている。洗い場にいるのは垂乳根《たらちね》のおばさんばかり。女性客が多いとその逆になるのだろう。湯船の私は次に向かう岩木山の滑降に思いを巡らせていた。

（山行日　1996年5月4日）

第22話　鳥海山（2236メートル）

……三度目にしてようやく微笑んでくれた憧れの山をスキー滑降

日本海から前山もなくいきなり2000メートル超えのピークを持ち上げる鳥海山は、雄大かつ秀麗である。中でも庄内平野（南西〜南側）から眺める鳥海山が最も均整が取れ美しい。山麓にわき出る豊かな湧水は庄内平野の米作りを支えている。

こんな秀麗な山を朝な夕なに眺め、鳥海の恵みを受けて暮らす庄内の人たちがうらやましい。庄内人には、鳥海山が心象の山として深く刻み込まれていることだろう。

その鳥海山に登るならスキーで滑降したい。最初に挑戦したのは一昨年の5月。鉾立から扇子森を経て下った御田ヶ原でガスに巻かれホワイトアウト。方々の体で撤退を余儀なくさせられた。昨年の5月、登山口まで行くも激しい雨降りでこれまた断念した。今回は三度目の挑戦。「三度目の正直」の女神は微笑んでくれるだろうか。

5月4日朝、夜行寝台特急「日本海」が酒田駅に近づいても、いつも秀麗な姿を見せる鳥海山は、ガスとももやとも知れぬベールに包まれている。遊左《ゆざ》駅に近づいて、ようやく幾筋もの白い糸を垂らした大きな裾野が認められた。雨滴が車窓に斜めに走る。今日山頂を踏むのは絶望的だろう。

寂しい象潟《きさかた》駅前から乗り込んだ鉾立行きのバスの乗客は3人のみ。小さな町並みを抜けようかというところでバスは突然停まった。それは犬連れの小柄な女性が横断するのを徐行するためと思われたが、彼女は運転席を見上げて近付き何やら手渡している。弁当を渡したのだ。一瞬の微笑ましい光景は、天気予報が外れて落胆した気分を和ませた。

芽吹きはじめたばかりの木々の新緑、そして菜の花、チューリップ、山桜など5月の花が咲き乱れる裾野を走り抜ける。ブルーラインを走るバスのガラス窓越しに風がうなる。鉾立は横なぐりの雨とガスの中だった。雪の壁は一昨年より幾分少なめだ。早速一昨年お世話になった鉾立山荘の管理人に様子を聞く。今年は積雪が多かったが、雪解けが早かったという。それだけ4月は気温が高かったのだ。

「昨日は抜けるような好天だったんですけどね。午後から回復する予報が出ていますが……」

管理人は申し訳なさそうにいう。週間天気予報をにらみながら出発を1日遅らせたのにまったく裏目に出た。「抜けるような好天」と聞いて残念さもいや増す。この日はアタックを断念し、付近で雪遊びに高じた。

5日早朝まだ明けきらぬ内に目覚めると、予想どおり風と雨は収まっていた。まだ残っているガスも間もなく取れることだろう。よし決行だ。白みはじめると瞬く間に快晴の空が広がった。今日こそ三度目の女神が微笑んでくれるはずだ。5時勇んでスタート。鉾立の展望台に立つと、深く切れ落ちた奈曽渓谷をはさんで、朝陽が射し込みはじめた新山を遠望。雪解け水を集めて渓谷に落ちる白糸の滝がゴーゴーとうなる。そよ風がまだ冷たい。白糸の滝上部の雪原の台地に出て、シール登高に切り換える。シールを付けている間に、後続の男が抜き去って行った。山荘で一緒だった男だ。緩く凍結した雪面にシールがいつになくよく利いて、間もなく追いつく。

「シール登高は早いですね」

「後続の男」が声をかけてきた。彼は兼用靴（歩行機能があるプラスチックスキーブーツ）を履いているのにスキー板を付けていない。板はどうしたのだろう？

賽ノ河原には1時間足らずで着いた。凹地状の大斜面の雪原に、一定間隔で突き刺された細竹が御浜へ導いている。一昨年この斜面で体重の重いK男さんが、数歩に1歩踏み抜いて難渋したところだ。「後続の男」は御浜への直線距離をツボ足でたどっている。潜るような気配はまったくない。一昨年より雪は締まっているようだ。ところどころアイスバーンが見られ、シールも利かない。そこを避けて大きく回り込んでジグザグを切る。御浜へはコースタイムの2時間で着いた。

御浜小屋には撮影目的で一昨日から泊り込んでいる男が1人寝袋にくるまっていた。室内の気温は3度。

「寒くないですか」

「寒くはない」

物憂げな返事が返ってきた。

「昨日デポしていたんですよ」

「後続の男」が小屋の片隅のスキー板を指さした。山スキーのビンディング（締め具）としてはクラシックな、歩行優先のジルブレッタを装着した板である。彼はガスを突いて御浜まで入っていたのだ。あのガスの中をよくぞ入ったものだ。よほど場数を踏み、地形に詳通しているのだろう。私にはそれだけで彼が頼もしく思えた。

小屋の裏手に立って、ついにやってきた鳥海の雪景色を眺め入る。一昨年猛烈なガスにさえぎられた鳥海湖も鍋ガ森も眼前に確かである。賽ノ河原からこの辺りにかけて火山地形が複雑だ。先程たどって来た大きな凹地も、かつては火口だったのだろう。その複雑さは全て厚い雪に覆われてまろやかな雪原のウェーブを描き、一面厳冬期並の雪の海だ。所々顔を出す、黒いハイマツの帯が、春の山であることを告げている。

御浜に続くまろやかな扇子森越しに、はじめて顔を出した鳥海山本峰が間近に見える。その迫力がいっそう高まったのは、扇子森に立ったときである。御田ヶ原をはさんで、それまでの緩やかな斜面から急激に高度をせり上げる外輪山。その外輪山に包まれるように、人を寄せ付けない峻厳さを漂わせ、そそり立つ新山。凍てつき逆光に光る雪面。高度感は十分である。私たちは一昨年の5月、白い闇の中でどれほど空しく鳥海山の姿を想像したことだろう。その鳥海山はいま眼前にある。

伸びやかな御田ヶ原の雪原を一旦下る。この斜面で私たちはガスに巻かれたのだ。ホワイトアウトの大斜面でこんなに下るのはおかしいと疑問を持ち、引き返したのだ。たとえ千蛇谷の縁に出てルートをつかんだとしても、ガスの中急峻な雪の外輪山に登ることは到底無理だっただろう。格好の斜面がのびている。板は御浜にデポする予定だったが、見上げる次のピークまで持ち上げることにした。板を脱ぎ、担いで御田ヶ原に一旦下って、登り返し外輪山の一角に取りついた。踏み跡は夏道のやせ尾根をたどらず、ほとんど雪壁に付く。

雪壁は文殊岳のピーク直下まで一気に競り上がっている。上部は30度近い急斜面のうえに凍結している。慎重にキックステップを切る。蹴り込んで確かな足場を確保するには相当アルバイトを要する。上部に行くにつれ、10歩に一度ぐらいは休憩を余儀なくさせられる有様だ。休憩している時間の方が長く感じるほどだ。しかも急斜面での、ままならぬ姿勢では結構疲れる。ここで滑落したら少々の滑落にとどまらない。カベは高度差にして200メートルぐらいはあるだろう。

「板を引っ張りましょうか」

アイゼン着用の「後続の男」が声をかけてくれた。彼はスキー板先端の穴に紐を通し、腰のバンドにくくりつけて引っ張り上げている。スキー板を肩越しに担ぎ、一歩一歩蹴り込み足場をつくりながら登る様が、きっと危なっかしく見えたのだろう。しかし休み休み、集中力を欠かさなければ登り切れる。それに好意に甘んずることによって、彼に不慮の事態が生じないとも限らない。強がりをいうのではなかったが、その好意は辞退した。

雪壁の最上端にきて傾斜が緩むのが見えてきた。一旦ハイマツ帯に逃げ込んで腰を下ろし、十分休んで体力の回復をはかり、雪壁突破のフィニッシュに備えた。私のささやかな人生経験でも、物事の失敗はとっかかりと終わりに多いように思われる。はじめのそれは集中力の欠如によって。終わりのそれは疲労の蓄積とまぢかな成就の歓喜に酔うことによって。

とにもかくにも雪壁を脱出し、外輪山のやせ尾根の夏道に出た。もうこれ以上スキー板を持ち上げることもない、ここに板をデポすることにした。

「こんな急斜面を滑り下れるだろうか」

「後続の男」が危惧の声を上げる。

「戻ってくる午後には雪面も緩むでしょうから大丈夫ですよ」

中級の足前の私でもアイスバーンでなければ滑降できるように思える。

「スキーは下手ですから」

彼は「下手」を連発した。

外輪山の稜線はなおも夏道を踏まず、雪面をトラバースしたり、ハイマツのブッシュ漕ぎを余儀なくさせられたりで、はかばかしくもない。湯ノ台口からのコースと合わせ、まもなく伏拝岳に着いたのは10時だった。御浜から実に3時間近くかかったことになる。格別体調が悪かったわけでも、道草を食っていたわけでもない。無雪期の夏道なら1時間余りでたどることができるはずである。3倍近く時間を要したことが雪壁の厳しさを物語っている。

ここからは湯ノ台コースの大展望台である。はるか下部まで雪面が下りている。

「赤い屋根の滝の小屋が見える」

「ヘアピンカーブを重ねる湯ノ台の林道が見える」

「稜線直下のあざみ坂はあごが出るほどきつい」

どこから集まってきたのか数人の登山者が口々にいう。目を凝らすと広大な雪の斜面に取り付く蟻のような人影がうごめいている。私が立つ2000メートル超えの稜線から1000メートルを超える高度差を一気に滑り下ることができるうらやましいほどのロング斜面だ。

「さあ伏拝岳だからみんな伏せって拝みなさいよ」

地元の人だろうか、2人連れの初老の男が、ひょうきんに口走る。伏拝岳の名は恐らく七高山や火口丘を畏敬なもの、神体とみたてて、外輪山の一角から伏せって拝む信仰から名付けられたものではなかろうか。それにしても何故伏せって拝むのか。立って拝んでは畏れ多いからなのか。チベット仏教の巡礼者がひれ伏しては拝み、立ち上がっては一歩進み、再びひれ伏し祈りを繰り返す「五体投地」という拝み方がないではない。そうした由来からではなく、伏せることで強風から祈りを守るためではないかと思える。祈りは無我の境地になることである。それは外因に対して無防備になることだ。強風の中で無防備に立っていることは危険である。だから伏せって拝みだしたところから名付けられたのではないだろうか。

今もかなりの強風だ。一昨年も昨年も、下山者に「上はどうでしたか」と声をかけると「外輪山は風が強い」と一様に答えが返ってきた。この先の外輪山を歩き出すと、風はいよいよ強まった。風下側の稜線を歩くことを避け、風上側を歩かなければ転落のおそれを感じるほどだった。

下山後鉾立の売店で求めた「ひとりぼっちの鳥海山」（佐藤康／無名舎出版）を帰途の車中で目を通していると、山岳宗教登山のガイドである先達が七高山に着き、頂上小屋にむかって千蛇谷の断崖を下り始めたとき、激しい風がピタッとやんだのか、先達が断崖を真っ逆様に落ちて死亡したことや、石ころが飛ぶほどの強風が吹いた話が出てくる。強風にアゲインストしていた身体が、風の息のしばしの気まぐれに、バランスを失うことはあり得ることだ。鳥海山の強風を象徴する話である。日本海の海岸線を見下ろすほどに海に近く、いきなり2000メートルを超える高度を持ち上げる独立峰は、年中強風が吹いているのだろう。

「七高山までもう1時間とかからない」

誰となくと話題にしたのを機に勇んで腰を上げた。もう三度目の正直は成就目前である。ここから先は行者岳のピークを踏まず、雪原を巻いて行く。これまでのような緊張を強いられる箇所はない。行者岳を巻き終えると、百宅口コースとなる広大な斜面が眼下に広がる。稜線直下から雪の大斜面だ。切り絵を思わせるまだら模様の雪形が下部の斜面に果てしなく広がる。七高山に近づくと、矢島口コースとなる雪の大斜面が広がってきた。こうして四方を見回すと鳥海山は実に広く大きい。2200メートルの高度があり、しかも海岸線からいきなりその高度をもたげているだけに、高度に3乗する分、鳥海山の裾野は広く大きい。

急に人が増えてきた。私は今朝早立ちしてきた。それほど先行されたわけでもない。よく斜面を凝らしてみると実に多くの人が取り付いている。秋田県側の本庄から内陸に入った矢島口コースは、大阪からJRを利用してくる者にとっては馴染み薄いが、余分な外輪山歩きが省け、山頂直下から滑り降りることができるので、スキー目的の入山者にとって魅力的だろう。

11時前、6時間近くを要してスキーヤーが溢れる七高山（2230メートル）山頂に着いた。30

人以上はいただろうか。登山目的という人は数えるほどしかいない。74年に153年ぶりに噴火した中央火口丘が背を伸ばし、鳥海山の最高峰は新山となったが、それまでの最高地点は七高山だった。その七高山は高低のほとんどない外輪山の最高点にすぎない。2、3人ほどその山頂から滑り下りるのを見届けて、雑踏の七高山を離れて新山に向かった。

見下ろすように切れ落ちていた千蛇谷も、山頂部ではもう浅くなっている。そこに一旦降りて雪の壁を登り返すと新山の山頂（2236メートル）だ（11時30分）。新山まで踏もうというスキーヤーはほとんどいない。山頂は静かで風も弱まった。月山山頂から雲海に浮かぶ鳥海山をはじめて遠望して以来、いつかはあの峰を踏もうと渇望してきた十数年目にして、そして三度目のアタックにして女神が訪れた感慨にふけった。快晴ではあるが、もやがかかって月山や岩手山、岩木山など東北の名峰は遠望がきかない。それでも日本海の海岸線ははっきり認められた。

スキー板をデポした地点にもどると、「シュッ、シュッ」と雪を削るリズミカルな音が、千蛇谷をかけ上がってくる。谷を見下ろすと蟻のように小さい2人連れがシンクロの短い弧を描いている。雪に埋まった谷は、稲倉岳の裾をえぐり、遙か先までのびている。彼らはロングコースを愉しめるだろう。

初老の夫婦連れなど、午後になっても山頂をめざす登山者は続いた。ガスが出る気配もなく、緩んだ雪面ならもう危険はない。彼らは外輪山のヤセ尾根のハイマツの根っこに足を取られないことさえ注意を払えばよい。

デポした板を付けて雪壁に躍り出た。すっかり凍結が緩んだ急斜面は、わが中級の足前でも余裕をもってターンできる。あっという間に鞍部に滑り降り、板を担いで扇子森を登り返す。御浜の小屋の裏手をトラバースし、凹部の縁をたどって大雪原のど真ん中に立った。気温が上がり、トップライトとなっては、今朝方近寄りがたいほどの峻厳さを見せていた鳥海もすっかり優しく変身。

「鳥海をバックに撮りましょうか」

中年の男が近寄ってきた。この人に鉾立へのコースを確かめて大雪原を滑り出した。

どこまでも広く長い緩斜面をのんびり滑る。リフトで上がったゲレンデなら、こんな緩斜面はがまんならないところだが、今は許せる。鉾立へは右へ右へコース取りしなければならない。

谷の形状が鮮明になり、緩斜面から中斜面に入った。鉾立の国民宿舎を遠望。進むべき方向に誤りはない。谷はどこまでもスキー向きのまろやかな斜面。一気に高度を落とす惜しむ気持ちが、山腹に気ままな弧を描かせた。得も言えぬ山スキーの醍醐味だ。ついにフィナーレは近づいた。脱いだ板にストックをはさんで、ブルーラインの雪壁を下ろそうとしたが、道路に届かない。思案していると若者が駆け寄り受け止めてくれた。雪焼けの顔がほてり、ブルーラインをたどる足取りはさすがに疲れてきた。14時30分、鉾立山荘に戻った。

「きつかったですね」

声をかけてきた「後続の男」は、笑顔に満ちていた。

（山行日　1997年5月4～5日）

第23話　乗鞍岳（3026メートル）

……登山の魅力を失った乗鞍岳だが、標高差1500メートルの大滑降は捨てがたい

乗鞍岳は3000メートルを超える高峰でありながら、早くから山頂近くの畳平まで自動車道路が通じ、1時間で山頂に立てるようになってしまった。登山の対象としての魅力は失なわれている。しかし乗鞍火山帯の盟主らしく、たおやかな山容は格好の山スキーツアーコースになる。資料をあさり、現地にも問い合わせ、山頂から滑り降りるプランを数年前から練ってきた。

その年は例年より残雪が多いうえに新雪が降り、山頂から乗鞍スキー場のゲレンデ末端まで標高差1500メートルの大滑降は、わが中級の足前でも得もいえぬ醍醐味だった。

5月3日、それまで降っていた季節外れの雪が止み、雲が切れて青空さえ見え出してきた。国民宿舎前の駐車場はシャーベット状になった春の淡雪が10センチほど積もっている。三本滝まで車が入れるはずなのに、この降雪で車道のゲートが閉められている。今宵予約している位ヶ原山荘に上部の積雪や除雪の状況を問い合わせてみると、位ヶ原より上部は30～50センチ積もったとのこと。青空が見え出したとはいえ上部はまだすっぽりガスに包まれている。登れるかどうか、ちと不安。今朝6時頃予約のグループがここから取り付いたという情報が決め手となって入山を決めた。

とはいえスキー場の最上部のゲレンデを抜けて切り開きから位ヶ原に出るルートは、ガスが残っているだろうから難しいと判断。車道を歩き通すつもりだ。大急ぎでリュックの両サイドに板を取り付け、トップを結んでストックを引っかけ、テールで固定するツアースタイルの荷造り。

「何でも12時にゲートが開くようですよ」

ゲート前でワゴン車を手入れ中の男が待機中である。この情報が確かなものか、国民宿舎へ問い合わせに行ったが、要を得ない。

「ゲートが開いたら途中で私たちを拾ってくださいよ」

その男に期待もせずに声をかけ、30分遅れの11時30分スタートを切った。スキー場のゲレンデを横目にすると、車道をたどることをすでに決めているというのに、乗鞍スキー場最上部のゲレンデから切り開きをたどり位ヶ原に出るコースに再び惹かれてしまう。しかし車道をたどったことが好判断だったことは山荘に着いてから分かった。

10センチほどの新雪にアスファルトが露出した轍を踏む。轍は除雪車のそれか、ゲートが閉められる前に入った一般車のそれかもしれない。マウンテンバイクの若者が追い抜いていく。もうシャーベット状になった淡雪のこと、苦にはならないようだ。ウォーキングの若い2人連れが下ってきた。1時間余でゲレンデを横切り、三本滝の入り口に着く。標高1800メートル付近のこの辺りで残雪は1メートルもある。

思いもかけず外人ドライバーのRV車が下ってきた。このドライバーと視線が合ってしまう。英会話ゼロの私は声をかけるのをためらっていると、相手の方から流ちょうな日本語で語りかけてきた。朝6時頃はゲートはまだ下りておらず、入れたとのこと。そして冷泉小屋の先、位ヶ原山荘の手前まで除雪されているとのことだ。時間さえかければ確実に位ヶ原山荘にたどり着けるとほっとする。積み上げられた雪カベを乗り越えて誰一人いないレストハウスの庇を借りて昼食休憩。

「途中で拾ってください」と声をかけた車は、私たちがレストハウスをスタートするまでには現れなかった。結局、国民休暇村のゲートは開かれなかったようだ。ゲレンデのカベの最上部を横切るあたりで、女性スキーヤーが車道をゆるゆる滑ってきた。位ヶ原まで行って来たが、カベが怖くて車道にエスケープしてきたとのことだ。降雪がなければ板を担いで長々下らなければならないところだった。

依然新雪の轍をたどる。高度をあげるにつれ、ガスが漂ってきた。除雪の雪カベが2〜3メートルに高まってくる。単調な車道歩きに疲れ、飽きてくる頃にすっぽりガスに包まれた冷泉小屋が現れた(15時30分)。

さらに雪カベが高くなり、新雪も深まり、まるで雪の回廊をたどっているかのようだ。時に吹き溜まりがあって、膝まで潜るところも出てくる。光の屈折現象だろうか、ピッケルを突いてできた雪穴が青白く見えてくる。スキー板を取り付けたリュックが疲れた肩に食い込み、歩みはさらに落ちた。しばしばT男さんを待たせてしまう。

〈あとヘヤピンカーブを3回切れば位ヶ原山荘にたどり着くことができる〉

自分を励ましながら黙々歩をすすめる。二つ目のヘヤピンカーブを曲がりきり、あと1回だというところで除雪が途切れ、ここから踏み跡は斜面を直登している。左手に振子沢を見ながら、ぐんぐん樹林の中の急登をたどる。

この登りで私の元気が俄然戻ってきた。不調は寝不足の身体が眠っていたともいうべき症状で、それが今頃になって目覚めてきたようだ。実際昨夜は車中で2、3時間うとうとしただけである。快調なT男さんの尻にくらいついて歩を進める。気を抜いて靴を運ぶと、新雪ごとごっそり滑り落ちてしまう。一歩一歩力を込めて歩を進めると、位ヶ原山荘は間もなくだった(16時30分)。

山荘の泊まり客は、私たち以外松本から来た8人グループのみ。連休中というのに拍子抜けだが、この山荘が賑わうのは車道が山荘まで除雪され、春スキーバスが運行される連休明けのようだ。事前に安曇村の観光課に問い合わせたところ、休日は松本電鉄が運行し、平日は民宿組合が運行するとのこと。それなら連休に間に合わせて何故除雪しないのか、商売気のないことが気になった。

この「松本グループ」の話によれば、6時に国民休暇村をスタートしたのは彼らの一部で、三本滝入り口が集合場所だったという。彼らは8時30分に三本滝をスタートして、スキー場のゲレンデを登り切った切り開きから位ヶ原に出たが、濃いガスの中、山荘へのルートを探しあぐね、一時はビバークを覚悟。雪洞を掘る準備もしたという。幸いにもガスの切れ間から山荘を見つけてたどり着けたとのことだ。他にもう1グループがいたが、早々に位ヶ原の下部で幕営態勢に入ったとのこと。私たちが彼らより3時間後の11時30分に、しかも彼らのスタート地点より下の国民休暇村をスタートしたのに、ほぼ変わらない時刻に山荘に着いたことに、彼らは驚きの声をあげた。

ガスが充満した鳥海山の御田ヶ原でホワイトアウトに陥ったことがあるだけに、ガスの位ヶ原でルートを探しあぐねたことはよく事態を飲み込める。まだGPSの利用が一般的でない。いやたとえGPSがあってもホワイトアウトに陥ったらルートをつかむことは難しい。動き回らず雪洞を掘り、ガスが取れるのを待つのが正解だ。

天候の回復が見込める明日、彼らがたどってきたコースを滑り降りる予定だ。しかし視界が明瞭であってもだだっ広い位ヶ原の雪原から、乗鞍スキー場ゲレンデ上部に通じる切り開きに降りるのは判断が難しい。かつて3月の氷ノ山（兵庫・鳥取県境）に登り戸倉へ下った際、広い雪原の斜面から樹林帯の切り開きを探し出すのに苦労したことがある。そういう経験があるだけに、この「松本グループ」にも山荘の管理人にも、あらためて山荘から位ヶ原に出るコースや、位ヶ原から切り開きに降りる注意点、特徴を微に入り細に入り聞き入って、イメージをつかむことにつとめた。

「とにかく下るときには左へ左へコースを取り、右にそれて谷に迷い込まないことだ」（管理人）

「しっかりトレースをつけてきたからそれをたどれば間違いない。位ヶ原から肩の小屋まではコロナ観測所が荷揚げのスノーモービル用に竹竿が一定間隔に立てられているからそれを目安にすればいい」（「松本グループ」）

それぞれに私たちの不安を打ち消してくれる。

5月4日、早朝に目覚めて早速外を眺めてみると快晴だ。指呼に見る大きなピークが魔利支天（2873メートル）、左手へ肩ノ小屋のある鞍部を挟んで三つのピークを見せるのが朝日岳（2975メートル）、蚕玉岳、そして剣ヶ峰（3026メートル）。剣ヶ峰は位ヶ原の稜線にかかって全貌はさえぎられている。乗鞍高原方面は雲海が発達。この雲海は気温の上昇とともに稜線近くまであがってくるはずだ。のんびり行動しているとガスに巻かれる恐れがあり、せっかくの好天を台無しにしてしまう。

管理人に私たち2人の記念写真を撮ってもらい、7時丁度、「松本グループ」の後について私たちもスタート。快晴とあっては春の陽射しの照り返しは思いのほか強い。日焼けの「防衛」をせずに後で後悔したことは一度ならずある。顔面はおろか、首筋まで皮がめくれ、あばたになる。その不快さはたとえようもなく、ひどいときには1カ月ほどその後遺症に悩まされることになる。困るのは醜さの外聞はともかく、顔面が火照り寝付かれないことだ。つばひろの帽子、タオルのほおかむり、紫外線カットのクリームなど、これまで様々な「防衛」策を講じてきたが、決定的な策がない。今回あれこれ検討した究極の策は、薄手の目出帽にサングラスをかけるというもの。「忍者服部君」よろしく、異様な風体に「松本グループ」から笑い声が上がったが、この際格好などかまってはおれない。これが抜群の効果を発揮したことはいうまでもない。

雪に埋もれた車道を離れて、通称「屋根板坂」と呼ばれる位ヶ原へのカベを直登する。新雪は50センチほどにも達しているが、「松本グループ」がしっかりつけた階段状のトレースのおかげで快適に登る。昨日の寝不足も解消されて体調はベスト。急登の途中から白く輝く奥穂高岳と前穂高岳の吊尾根が見え出し、槍の穂先も認められる。30分余りで標高差百数十メートルの雪カベを登りきると、位ヶ原の台地の端に出た。広い雪原の彼方に朝日岳、剣ヶ峰が形よく並ぶ。位ヶ原のスケールが大きい大展望だ。昨日の苦しい車道歩きも、今朝一番の「屋根板坂」の急登の苦しさもこの大展望に吹き飛ぶ。山荘から振子沢をはさんで「尾根」のように見えたのは、位ヶ原の台地の端だった。彼らが昨日つけたトレースを延々たどると、切り開きから延びてきたトレースと合流。これだけ明瞭な踏み跡なら少々ガスに巻かれても下りの滑降に迷うことはないだろう。昨日位ヶ原の下部で幕営していた3人グループも登ってきた。この台地の基部を迂回してきた車道は完全に雪に没している。カーブミラーや道路標識はちょこんと先端を出しているだけだ。

「県道89（主）乗鞍岳線安曇村大雪渓標高2600メートル」と記された車道の標識が頭を出しているところで腰を落とし、飽かずこの大展望を眺め入る（8時24分）。アルペンスキーの出で立ちで、板を肩に相次いで登ってきた人たちでにぎやかになる。彼らはすべて三本滝の入り口まで車で入り、切り開きをたどってきた人たちである。もうゲートは開けられていた。見上げると肩の小屋あたりから滑り出したスキーヤーがまもなく転倒。なかなか立ち上がれず、雪の中をもがいている。大休止の後に摩利支天と朝日岳の鞍部・肩ノ小屋に向かう。砂漠を行く隊商のキャラバンのように、緩い起状を列をなして登る。途中から摩利支天のコロナ観測所が見えだした。

2700メートルの肩ノ小屋からは剣ヶ峰の山頂まで標高差300メートル、時間にして1時間である。雲海のガスがわき上がりはじめた。折角山頂に立っても展望を得ることができないことになりかねず、のんびりしておられない。稜線上は風に飛ばされて着雪は少な目である。それでも昨夜は風雪が強かったらしく、斜面にはシュカブラ（風紋）が発達。ところどころ火山の証の、黒っぽい石くずさえ見え出している。アイスバーンの斜面を想定して用意してきたアイゼンは、今朝の冷え込みはさほどなく出番なし。

急峻な登りの朝日岳の途中から位ヶ原を眺め下ろすと、かなりの人が登ってきている。快晴に恵まれ、ゲートが開かれて三本滝から入山してきているのだろう。位ヶ原の先端から切り開きにトレースが明瞭に延びており、滑降のコース取りに迷うことはないと再度確認する。朝日岳を登り切ると、この先は大した起状はなく、剣ヶ峰は目と鼻の先である。剣ヶ峰山頂直下の鞍部に板やリュックを置き、ひと登りで山頂に立った（10時26分）。思わずT男さんと握手を交わす。

滑降が待っている私たちは、ガスに巻かれないうちにと、記念写真を撮ってそそこに山頂を離れた。

「見ているから格好よく滑ってくださいよ」

「松本グループ」から声をかけられる。

さて私たちの滑りはどうだったか。春山でもっとも滑りやすい雪質はザラメか、軽い凍結斜面だが、新雪とあっては板が潜り、重いリュックに思うようにターンができない。しかも昨夜の風雪でできたシュカブラにバランスをくずす。格好よく滑るどころか転倒を防ぐのに精いっぱいだ。それでも一度ならず転倒。すぐには立ち上がれない。第一、潜った板を引っ張り出すのに一苦労する。急斜面とあっては外した板が動きだし、ステップイン方式でなく、昔ながらの山スキー用のビンディングは装着するにも大仕事である。大雪渓の末端にたどり着いたときには、稜線のトレースを外して大斜面を直接下った「松本グループ」が先に着いていた有様だ（12時30分）。

ここで一息入れていよいよ切り開きへ突入。位ヶ原の末端まで緩い斜面を大周りで滑り込む。今なお登ってくる登山者が私たちの滑りに視線を向け、へっぴり腰とはいえ、視線が向けられるのは何とも気分がいい。位ヶ原の末端までくると、いままで見えなかった切り開きが落ち込んでいる。もう縦横無尽にシュプールがつき、斜面が乱れている。ダケカンバの疎林の斜面から針葉樹の切り開きへ狭まってくると、いっそう雪面が乱れてくる。それが幸いした。シュプールが複雑に入り乱れていることは、斜面が圧雪されていることである。圧雪斜面が広がると私たちの中級の足前でも自由に板の操作ができるようになる。それに斜度も適当である。T男さんは難渋を重ね遅れたが、私は長い切り開きの滑りを愉しんだ。

午後になってもゲレンデアウトした若者らがどんどん登ってくる。最後にトラバース気味の嫌な雪カベを下りきると、最上段のリフトが現れ、ゲレンデを一滑りで三本滝上部の車道に出た(14時)。ここでいったん板を脱いで車道を横切り、再び板をつけて三本滝レストハウスへ滑り込む。もうここは車が渋滞するほどに入り込んでいた。

15時25分、国民休暇村に戻った。思わぬ新雪に手こずり転倒は避けられなかったが、とにもかくにも1500メートルの高度差を滑り降りたことに大満足である。一走りして番所ヶ原の「ゆけむりセンター」で汗を流す。雪の大斜面を滑ることは鳥海山以来4年ぶりのことである。にごり湯につかりながら、長年温めてきたプランを無事達成した感慨にふける。露天風呂から逆光に光る白無垢の乗鞍岳を飽かず眺めた。

(山行日　2001年5月3〜4日)

ちょっときつい達成感のある山

第24話　水晶岳〜赤牛岳（2864メートル）

……北アルプスの最奥の赤牛岳から長大な読売新道を黒部湖に向かって下る

北アルプスの最奥に読売新道という風変わりな名の登山道がある。読売新聞の北陸支社が開設されたのを記念して開設されたルートだという。この新道は黒部湖に向かって落ちる長大な尾根に付く。百名山の水晶岳までは多くの登山者が訪れるが、この長大な尾根をたどる人は少ない。二百名山の赤牛岳に登り、読売新道をたどることは長年温めてきたテーマである。

週間天気予報は14日〜17日晴れマークが並んでいる。他の山行計画の予定を変更して北アルプスの最奥のルートを歩いてみることにした。久しぶりに一眼レフと交換レンズ、三脚をリュックに積み込むと肩に食い込んだ。

前日、高瀬ダムから入山し、3時間歩いて湯俣の晴嵐荘に宿泊。温泉付きの小屋だ。泉質は単純硫黄水素泉。山旅の初日に温泉に入れるのはこのルートの魅力である。翌日は標高差1500メートルを登りきらなければならない。登り返しがかなりあるから累積高度差はそれ以上だ。ハードなアルバイトを乗り切るには、十分身体を休めることだ。微温湯《ぬるまゆ》についつい長湯した。

宿泊客は10人と少ない。私以外はいずれも下山組だ。夕食時に隣合わせた1組は一昨日ブナ立尾根から入山。冷たい雨にたたられ、稜線ではみぞれが雪になったという。烏帽子小屋では低体温症になり、食事もとれなかった夫婦連れもいたとのこと。翌日、水晶小屋に向かったが、雨は上がったものの強風で進めず野口五郎小屋泊まり。その日のうちに水晶小屋に入れないのなら読売新道を下ることは到底無理。真砂岳から竹村新道を下山してきたとのことだ。一昨日は緩い西高東低の気圧配置になり寒気が入った。北海道の旭岳などでは初冠雪したほどだ。しかし「昨日は一転して好天に恵まれ、南アルプスまで見えました」と、読売新道をたどれなかった無念さはおくびにも出さずご満悦の体だ。

9月15日早朝、ぽつりと落ちだしている。週間天気予報では晴れマークが連続していたのに、山行直前になるとこの日だけ曇りのマークになったが、まさか落ちてくるとは残念。パラついている空を見上げていると、下山組が「青空も見えている」と期待を持たせてくれた。回復することを願いながら6時20分スタート。晴嵐荘の裏手からいきなり急登が始まる。急登だがよく整備された登りやすい道だ。高度を上げるにつれ、昨日訪ねた湯俣川の噴湯丘や北鎌方面に通じている水俣川が見えてくる。右に左に崩壊地を通過。つまづいたら転落が待っている。慎重に歩を進める。

30分余りで「展望台」（1640メートル）に出た。最初のワンピッチで腰を下ろしていると、湯俣で幕営していた若者2人が追いついてきた。彼らは「あれが槍だ」と指呼したが、似ているようでもありいないようでもある。北鎌尾根を真北から望んでいるので、まだ標高が低い分独標を望んでいるのかもしれない。とすると槍は奥に隠れているようだ。大型リュックの彼らは重荷をもろともせず先行していった。

依然急登が続く。ふかふかに積もった針葉樹の針の落ち葉が靴になじむ。気温8度。身体を動かしていれば下着に長袖シャツで丁度いい。「日陰」という、何の変哲もないところに出た。辺りは下生えの笹にうっそうとした針葉樹の森だ。文字通り「日陰」である。

黙々と登り続けて湯俣岳（2378メートル）に着いた（9時32分）。針葉樹の背丈は低くなったもののまだ樹林帯の中だ。3時間余りで1000メートル近く高度を上げてきたのだから依然快調なピッチといっていい。昨夜は温泉に浸かれてよく眠り、今朝も快食、快便のおかげだ。今日の日程はもう山を越えたかと思えたがこれから先で伏兵が待っていた。


高度を上げた分、気温はさらに下がり6度。ガスが濃くなり依然しとしと降っている。いったん鞍部へ下る。100メートルぐらい下ったか。あ〜あもったいな。登り返してガレの源頭に出た。振り返ると湯俣岳がガスの中にぽっかり浮かんでいる。斜上するとハイマツ帯だ。それから尾根の急登と次々状況が変化する。12時、もうすっかり森林限界を超えた南真砂岳（2713メートル）に飛び出した。反対側（西側）斜面から強い雨と風が吹き付けてくる。ここから真砂岳の主稜線が見えるはずだが、むろんガスで視界はない。

草紅葉が広がる。山岳展望が得られないなら草紅葉を撮ろうと、コンデジを取り出すも電源が入らない。濡れたためらしい。何ということだ！　ちょっと雨に濡れただけでないか。水に弱いデジカメめ。デジカメは重宝だが、電子部品の塊は水に弱いのが玉に瑕だ。一眼レフは明日の撮影に備えるためにリュックの奥深くに仕舞込んでいる。取り出すのも面倒である。撮影はあきらめた。

ゴーロの斜面を踏んで、真砂岳（2862メートル）の山頂に立った（13時40分）。ガスが一面立ち込めている。晴れていればどうということもないのだろうが、水晶小屋に向かう登山道が見つからない。ゴーロの斜面に踏み跡らしきものが幾筋もあって判断がつかないのだ。むろん道標もない。これかなと思しき踏み跡をたどってみるもどうも確信が持てない。こういうときは焦って動き回るのは体力を消耗し遭難への道である。心を落ち着かせる。GPSの位置情報やこれまでの軌跡と地図を突き合わせ、様々な角度から検討をくわえて方向を定める。この方向で間違いなしと自信がもてる踏み跡をたどると、ようやくガス間に道標を見つけた。本当にガスが出ているとゴーロ地帯では迷いやすい。ロスタイム30分。

この道迷いが伏兵の序章とするなら、伏兵の本章は水晶小屋までの岩稜歩きにあった。真砂岳～水晶小屋間を歩いたのはもう大分以前のことで記憶が怪しくなっている。とはいえこれまで2回歩いているし、さほどきつい印象もない。しかしガス間に次々岩稜の小ピークが現れてくる。すでに1400メートルを登り疲れてきているうえに、重荷が堪えてきた。息づかいが荒くなり、極度にペースダウン。

「水晶小屋まであとどれぐらいですか」

小1時間ほど歩いたところで出会った単独行の男に尋ねた。〈妙なことを聞くな〉と怪訝だ。それもそのはずだ。この先、東沢乗越に着いたのはさらに30分も歩いてからだったし、水晶小屋まではさらに1時間も要したからだ。

水晶小屋への登りは塗炭の苦しみとなった。小ピークを越すごとに次は小屋かと期待を裏切られた。つがいらしい雷鳥が岩端にチョコンととまっている。近寄っても逃げない。いくら疲れているからといってこんな場面を見逃すことはない。リュックの奥から一眼レフを取り出して、ガス間の雷鳥を撮る。ようやく発動機のエンジン音が聞こえだした。今度こそ小屋は間違いない。17時10分、疲労困憊の体で小屋にたどり着いた。

すでに小屋の夕食が終わっており、遅い到着の私に注目が集まった。憩っている登山者から「どこから?」「何時に出ましたか?」「明日はどこへ?」と次々尋ねられる。

「竹村新道を登ってくるというのはなかなかものですよ。そのタイムで登るとはタフですね」

実際は10時間30分も要したのに、1時間短く誤り伝えられて、たまたま居合わせた登山ガイドから驚きの声がかけられる有様だ。全身ずぶぬれに近い。早く濡れた衣類や手袋、雨具を乾かせたいのになかなかはかどらない。

夕食は副食・デザート付きのカレーだ。疲れすぎると極端に食が細る質だが、こくのある具だくさんのカレーはいつになく食は進んだ。こじんまりした水晶小屋は子連れを含む数人の女性スタッフで切り盛りされている。彼女たちに感謝、感謝である。

夜半小屋の外にあるトイレに立った。雨は上がったもののまだガスがびっしり充満している。せっかく休暇を取り、大枚をはたき、重い機材を担いできたというのに、展望も得られず写真も撮れないというのでは諦めるに諦め切れない。明日がだめならもう1日停滞しようと決め込んだ。

16日早朝、今日の晴れは望めないだろうとタカをくって布団のなかでもぞもぞしていると、「ガスが取れている。見えるぞ」という話し声にあわててカメラを持って飛び出した。おお、すっかりガスが取れている。山の天気は変わり身が早い。まだシルエットの槍〜穂高連峰、陽が射し込んだ黒部五郎岳、朝焼けの水晶岳方面などを一通り撮る。

黒部五郎岳を眺めるとKさんを、雲ノ平を眺めるとOさんを思い出す。KさんもOさんも北アルプスの峰々に一緒した古い山友だ。人生の愉しみは「これから」というときにがんの病魔に取り付かれ早々逝ってしまった。人の命ははかないが、黒部五郎岳と雲ノ平は何事もなかったかのように悠然とたたずんでいる。

昨日の疲労困憊だった身体はすっかり回復している。水晶小屋〜赤牛岳間は今回の山行のハイライトである。6時30分、水晶岳に向かってわくわくしながらスタート。斜光線が入りだし、山並みに立体感が出てくる。一期一会だ。今ぞ撮り時とばかりに再び三脚を立てシャッターを切り続ける。昨日はたっぷり苦しめられ、展望を奪われただけに、大展望を得られた喜びがふつふつと湧いてくる。苦あれば楽あり。いやそんなもんじゃない。今日の眺めの喜びをクライマックスにするために昨日のガスと雨、道迷い、塗炭の苦しみはあったのだと思えてくる。

岩場を伝って二度目の水晶岳（2986メートル）に立った（7時20分）。陽が射し込まずいままではっきり見えなかった裏銀座の稜線も見えだした。昨日苦しめられた真砂岳〜水晶小屋間は意外と距離がある。東沢乗越からもかなりの登りである。あそこを歯を食いしばり登ってきたのだ。有森裕子さんではないが、自分で自分をほめてあげたい。ほとんどの登山者がかつての私もそうだったように、ここで引き返していく。私一人だけが北側へ岩稜を大きく下りはじめる。朝方冷たかった風も生暖かさを感じるようになってきた。振り返ると水晶岳はもう大分上方に見える。

目の前にどっしりしたボリュームの薬師岳が大きくなってきた。山頂稜線にはいくつものカールがくっきり見える。1960年代の大きな山岳遭難事故として記憶される愛知大学生グループが迷い込んだ東南稜が大きく張り出している。奥黒部ヒュッテに降りてから、すでにヒュッテ前のテーブルで憩っていた山岳ガイド氏から「北西の風雪に押し戻されるように東南稜にさまよい込んだことが遭難の原因だ」と聞いてなるほどと思った。強い風雪の場合、意識的にアゲンインストしないと心理的にあらぬ方向に押し戻されるのだ。これは心しておいていい。

徐々に穏やかな稜線道になり、遠く見えたお目当ての赤牛岳が近づいてきた。文字通り赤みを帯びた女性的な佇まいだ。温泉沢ノ頭（2904メートル）出合で高天原温泉から登ってきたグループが合流。彼らも読売新道を下るという。一人旅かと思えたのに仲間ができた。ハイマツ混じりの岩稜をさらに下り最低鞍部に着いた。花崗岩が風化した白砂に腰を下ろして赤牛岳の登りを前にして一息入れる。薬師岳がガスに覆われてきた。赤牛岳の稜線にもガスがかかる。

赤牛岳手前の小ピークを越すと見えてきた黒部湖はまだまだ遠い。4時間半をかけてお目当ての赤牛岳（2864メートル）に立った（11時6分）。水晶小屋を同じ頃スタートした兵庫からきたスキンヘッドの中年男性が腰を下ろしている。このスキンヘッドの男と30代半ばの千葉からやってきた巨漢の若者と私の3人が、しかと申し合わせたわけでもないのに、声をかけあいながら相前後して下ることになった。うっすらガスがかかり、心地よい風が流れている。しばし憩ってから奥深い山頂を離れた。

私は気の赴くままに写真タイムを取り、腰を下ろしてメモを取る。「スキンヘッド」氏と「巨漢」君はすぐ見えなくなってしまうが、少し先で腰を下ろしている彼らに追いつく。「スキンヘッド」氏は「あまり強くありませんので」と口走り先行する。何度か繰り返しているうちに口癖の理由がわかった。彼はヘビースモーカー。急いで下ってたばこタイムを取る必要があったのだ。

「ニコチンは血管を収縮させるが、登山の運動で血管が広がる」

彼は屁理屈に思えることを口走ったが、そんなにしてまでたばこを吸いたいものなのか。中毒とは怖いものだ。同じ中毒なら山中毒ならよろしい。

「巨漢」君は身体に似合わず結構足が早い。奥黒部ヒュッテに着いて夕食をとった際、彼は大盛りのどんぶり飯を2杯平らげた。

「僕、大食漢なんです。この身体を維持するのにエネルギーが必要なんです」

どんぶりの半分ほどの飯をのろのろ食べている私を前に、彼は申し訳なさそうにいった。

「スキンヘッド」氏がどこで情報を得たのか「奥黒部ヒュッテには風呂があるらしい」という。本当ならブラボーだ。「風呂に入れる」という一言で俄然パワーが出てきた。２５００メートルを切る付近から樹林帯に突入。ここから悪路が延々と続く。じめじめした沢道に石がゴロゴロしている下りだ。何度も滑り尻餅をつく。足を滑らせ危うく捻挫しかけることもしばしば。長い長い樹林帯の下りの末に、ようやく東沢のせせらぎが聞こえだすとほっとする。赤牛岳からの下りに実に5時間をかけて奥黒部ヒュッテにたどり着いた（16時10分）。読売新道は聞きしに勝る長大な尾根である。

風呂があるというのは本当だった。塩ビ製の家庭用湯船は、2人と入れぬ狭いものだが、15分の制限時間をオーバーしてしっかり汗を流した。ソース・野菜付きの本格派のハンバーグにおでんという変な組み合わせの夕食は、北アルプス最奥の山小屋にしては豪勢なものだ。それに衛星テレビまで観れる。折から鳩山内閣の発足を伝えている。天気予報は明日も安定した晴れである。

泊まり客が10人ほど。その中に私たちが下ってきた読売新道を明日登るという華奢な身体つきの女性がいた。室堂から五色ガ原を経て平ノ渡に下り、ここ奥黒部ヒュッテにやってきたという。単独行だ。長い読売新道を登り水晶小屋まで、コースタイムは確実に10時間を超える。ひょっとすると12時間を超えるかもしれない。

山歩きというのは愉しむ旅でありたい。10時間とか、12時間というのは愉しむ限界を超えていると思う。かつて「1日6時間以内」ということを唯一の「規則」にした山行クラブを耳にしたことがある。6時間というのは適度に身体を使う。さりとて苦しめられるというものでもない。理想的な時間だろう。年を重ねた私もそういう山旅を愉しみたいものだ。いずれにしても彼女の安全な山行を祈りたい。

17日、天気予報どおり抜けるような快晴だ。今日は今回の山行の最終日。約7時間のコースタイムだ。2日目の悪天を恨んだが、終わってみれば崩れたのは4日のうち1日だけということになる。稜線歩きの3日目が好天に恵まれたのはラッキーというほかはない。「スキンヘッド」氏は早朝、平ノ渡から針ノ木谷を登り船窪山に向かった。七倉に車を置いている彼は、周回コースを取らざるを得ないのだ。いまだランプ小屋の船窪小屋を訪ねるのもいいものだ。

10時20分発の平ノ渡の船便に余裕をもって間に合う7時20分、「巨漢」君の後を追ってスタート。砂地の谷を歩きながら、昨日下ってきた赤牛岳の稜線を振り返る。もう見納めになるだろう。はじめこそ広い谷歩きだったが、間もなく高巻きになり、高度感のある梯子のアップダウンに十分苦しめられる。崩壊地には源頭まで遡る梯子が架かり、それを登り下るのだ。等高線からは伺い知ることができない激しいアップダウンだ。

平ノ渡には余裕を持って着いた。渡船料は無料。なぜ無料なのだろうか。黒四ダムが建設される以前、この辺りは大河原とよばれる広い谷間で吊り橋が架かっていた。ダムの建設で吊り橋は水没。関電は登山者や釣り人のために無料で渡船の運行を約束したのだった。運行は平ノ小屋に委託されている。

「人影がないときは運休します」——平ノ小屋の立て看が置かれている。対岸の平ノ小屋側から人影を双眼鏡で覗いているのだろう。この委託で平ノ小屋は安定的な収入を確保した。船長を兼ねる若い小屋主は岸を離れるや釣り糸を垂らした。ニジマスやイワナが釣れるという。かごの中には数匹大型の魚影が見える。宿泊客の食に供されるのだろう。

対岸に渡ってからも依然崩壊地を高巻く梯子が続く。しかしそれも途中から少なくなり、湖岸の高巻き道が延々と続く。今朝はダウンジャケットをつけなければ肌寒かったのに、陽が射し込むようになってTシャツ1枚になる。もう急ぐことはない。9月も半ばをすぎて耳をつんざく蝉の声もなく、ただ湖岸のさざ波の音だけが押し寄せてくる。平ノ渡から5時間近くもたどらなければならない。こんな単調な道はほとほと嫌になってくる。昨夜小屋で一緒したあの単独行の女性が黒四ダムからでなく、室堂から五色ガ原を経て平ノ渡に下ってきたことが納得できようというものだ。一ノ越から浄土山や龍王岳を越え、五色ガ原への稜線歩きの方がはるかに変化に富み、豊かな風景を愉しむことができる。

「ロッジくろよん」の青い屋根が見えだした。しかし、御山谷に沿ってダム湖が食い込み、高巻き道は忠実に入り込んでいる。4時間歩いてようやく「ロッジくろよん」にたどり着いた。

ここからは遊歩道だ。15時12分、観光客が闊歩するダムサイトに着いた。64歳にしてハードなロングコースを無事終えたことにふつふつと喜びが湧いてくる。心は次の山行計画に飛んでいた。


（山行日　2009年9月14〜17日）

第25話　鋸岳（2685メートル）

……ギザギザの岩稜にぽっかり空いた「鹿窓」をくぐり抜け、ちょっと厳しい岩稜の縦走に挑戦

伊那谷の長谷村村営バスが南アルプススーパー林道をあえぎながら上がっていくと、北沢峠手前の歌宿で停車し、ワンマンカーの運転手が「鹿窓」をガイドしてくれる。目を凝らすと凸凹が目立つ岩稜にぽっかり空いた穴が認められる。以来この「鹿窓」が気になった。鋸岳の最高点は第一高点。戸台川から角兵衛沢をピストンする人がほとんどだが、この「鹿窓」をくぐり抜ける縦走はできないものか。

「鹿穴」の情報を集めてみると初歩的な岩登りの技量があれば縦走できそうだ。最初の挑戦は台風が接近し、長谷村仙流荘の従業員に戒められて断念。二度目は枝尾根に迷い込んで疲れ果ててタイムアウト。熊ノ穴沢にエスケープせざるを得なかった。三度目の挑戦でようやく縦走が実現。「鹿窓」をくぐり抜ける醍醐味は達成感十分だった。

仙水小屋の朝は早い。8月15日午前3時にはごそごそする物音に目覚めた。

「今夏の南アルプスは渇水。六合石室も角兵衛沢の岩小屋の水場もチョロチョロでしょう」

従業員の水情報に送られて5時過ぎスタート。早朝にスタートを切れば収容定員の少ない六合

石室でも寝場所からあぶれる心配はまずない。今朝仙流荘始発のバスに乗った登山者が北沢峠をスタートするのは7時過ぎである。スタートに2時間の差があり、しかも仙水小屋から登る方が双児山を経るよりも時間的に短いのだ。

駒津峰側から押し出された、歩きにくい岩塊の縁を歩いて仙水峠に出た。それにしても大量の岩塊の海がどうしてできたのだろうか。40〜50センチぐらいのほぼ均等の岩が際限なく押し出されている。駒津峰への急登に備えてワンピッチ目から大休止だ。今日も快晴。仙丈ヶ岳側から冷たい風が吹き付けてくる。今朝の仙水小屋の気温は15度。薄手のダウンを羽織って40分ほど歩くとさすがに暑くなり脱いだが、半そでのTシャツでは肌寒い。期待の摩利支天は逆光で立体感がない。振り返ればV字の山端から望む仙丈ヶ岳にはもう朝陽が射し込んでいる。

岩、根っこ、枝をつかんで駒津峰の急登をよじ登る。背に受ける涼風、素手でつかむ岩や根っこの冷たさが実に心地いい。急登の樹間から大きな仙丈ヶ岳が望まれてくる。アサヨ峰、鳳凰三山も見えてきた。山梨側は例によって雲海に沈んでいる。重荷の私たち老々コンビは亀足に徹して次々路を譲る。前後のペースに合わせるとか、ましてや追い抜こうとかいう気はさらさらない。ゆっくり確実に峰に着けばいい。たびたび腰を下ろしていると引きも切らず登山者がやってくる。おそらく仙丈ヶ岳もそうだろうが甲斐駒ヶ岳の人気は昨日の早川尾根とは雲泥の差である。

傾斜が緩んでくるとハイマツ帯になり四方八方視界が開けた。見上げれば駒津峰が、振り向けば北岳、昨日歩いてきた早川尾根の栗沢山、アサヨ峰がほしいままだ。お花の少ない山だなあと思って歩いていると、淡い黄み色のトーヤクリンドウ、紫色のキキョウなどもちらほら顔を出してきた。

風が冷たい。コオロギが鳴いている。もうすっかり秋の気配だ。

8時過ぎ駒津峰に着いた。双児山ルートからの登山者を合わせさらに賑やかになった。鋸岳は仙丈ヶ岳や南アルプススーパー林道の歌宿辺りから眺めるとギザギザの台形状だが、その台形を横から眺めるここからは、三角錐にすっかり姿を変えて第一高点の岩峰が突き上げている。いったんやせた岩稜を下り六方石に向かう。その途中下山してきたグループの男が目の前でもんどり打って転倒。背後から転倒した第一衝撃はリュックで吸収されたが、リュックが支点となった回転力は頭部を激しく振った。あと10センチほどで危うく岩に激突するところだった。もし頭部をぶつけていたら脳震盪ぐらいではすまない大事になっていただろう。「柔道の受け身では『あごを引け』だ。それが役だった」などと強がりをいっていたが、稜線歩きでもヘルメット着用が望ましい場面だった。ネットで最近の山行画像をみるとヘルメット着用の登山者が増えている。歓迎すべきことだ。むろん私たちはヘルメット姿だ。

昨年は岩稜の直登ルートを登ったので今回は巻き道を取ることにした。分岐に差しかかると下山者が「こちらは年金者コース」などと軽口をたたいている。若者が山に増えているといってもまだ中高年は健在だ。花崗岩が風化した滑りやすい白砂の斜面をジグザグに踏んで行く。栗沢山や仙水峠から眺めた摩利支天の豪快な花崗岩の塊は、上から眺めると変哲もない尾根道だ。昨年に続き三度目の甲斐駒ヶ岳に立った(10時22分)。仙水小屋から5時間はかかりすぎだが、70歳の相方と間もなく68歳を迎える私たちはマイペースであっていい。山頂には20～30人はいただろう。中高年にまじってカラフルなウエアに身を包んだ若者が目立つ。一昔前、若者の中で「3K」などと疎まれた登山文化が引き継がれることは嬉しいことだ。

途中、山岳展望を十分愉しんできたので目新しいことはない。長居せずに今宵の宿の六合石室に向けて出発。多くの登山者で賑わっていた山頂から鋸岳の稜線へ踏み出す登山者はほとんどいない。ここから先は一般ルートでなく地図では波線のルートである。ある程度岩登りの技術を要する難易度の高いルートとされてきた。しかし近年は整備され、最大の難所である大ギャップから「鹿窓」への通過も、岩壁の中間道をトラバースせず大ギャップルンゼの底まで下りきってから「鹿窓」のルンゼへ巻き道が付いている。これを利用すれば一般ルートの最難関レベルといった方がふさわしいだろう。ともあれ昨年熊ノ穴沢へエスケープした中ノ川乗越まで踏んでいるので今日は心持ち余裕がある。花崗岩の巨岩の隙間をぬってぐんぐん下降していく。ところが踏み跡が不鮮明なところがあり六合石室までに2カ所迷い込んでしまう。トップを行く相方が疲れてきてどうも注意が散漫になっているようだ。見覚えのある鎖場の下降も難なくクリア。そこから六合石室は間近かと思われたがまだまだ先があった。ようやく累々巨石が重なる花崗岩の間に六合石室を認めるとほっとする。コースタイムを大幅に上回って石室に着いた(13時48分)。

石室に着いて間もなく雹混じりの激しい雷雨に見舞われた。水場に行かなくても石室の屋根から落ちる雨水を集めればたちまちコッヘルが一杯になるほどの激しさだ。実は昨夜仙水小屋でガスバーナーを忘れてきたことに気がついていた。あれほど荷物をチェックしたというのに、よりによってガスバーナーを忘れるとは。そんなこんなで石室到着後の大仕事は燃料の枯れ枝を集めお湯を沸かすことである。幸いなことに石室に薪が残っていた。相方が手慣れた手つきで石ころを積んでカマドを作り着火に成功。しかしたちまち煙が室内に充満。時々顔を出して外気を吸わなければ苦しいほどだ。

充満した煙が徐々に薄らいだその矢先、甲斐駒ヶ岳直下から先行していった単独行の男が舞い込んできた。私たちが石室に到着してから1時間以上経過した頃だ。何でも道に迷い込んでいるうちに雷雨に遭い、岩陰にしけ込んでいたという。彼は地元・駒ヶ根の人で中央アルプスや南アルプスなど地元の山を歩いているとのことである。

「道に迷ったことが結果的にはよかった。あのままスムーズに進んで雷雨に遭っていたらにっちもさっちもいかなくなっていた」

「駒ヶ根」氏は落ち着いて言った。

その話を聞いて昨年私たちが迷い込んだ地点と同じところだと確信した。かすかな踏み跡が錯綜し、確かに迷いやすいところだ。前回はおかしいとは思いながらずるずる烏帽子岳方面へ迷い込み、ブッシュをこいで稜線に上がったのだったが、彼は引き返してきたという。好判断だった。仮に迷い込まなかったら熊穴沢ノ頭辺りから中ノ川乗越辺りまで進んでいたかもしれない。そこまで進んで雷雨に遭っていたら引き返すことにもためらいが生じ、それが遭難の引き金になっていたかもしれない。道迷いや亀足は何が幸いするか分からないものだ。

「道迷いをしたところをほぼ特定できますから明朝はそこまでご一緒しましょう」

私たちは申し出た。

石室からあぶれはしないかと危惧してきた石室は結局3人だけの泊まり客だった。

昨日雨が上がってから「駒ヶ根」氏に水場を案内した。水場は初めてだとわかりにくい場所にある。そのお礼で今朝の朝食の準備は彼のガスバーナーをお借りし、石室内に煙を充満させることは避けられた。16日午前5時前「駒ヶ根」氏と一緒にスタート。彼と私たちは迷い込んだ辺りのやせた岩稜を外さないようにつとめた。

「ここです」

彼が雷雨を避けるために身を潜めた岩を指呼した。さほど大きな岩ではないが上部がハングしていて雨露をしのぐには格好な場所である。よくぞこんな都合のいい岩があったものだ。ここで先行する彼を見送った。

〈今日は順調なスタートが切れた〉と、その時は思ったものだ。しかし私たちはこの先で再び伏兵につかまった。あれほど注意したのに稜線の踏み跡から外れ斜面の踏み跡に迷い込んだのだ。それほど枝分かれした踏み跡が多い。しかしそこは昨年の経験が生きている。「おかしい」と早めに気づき、ブッシュをしばらくよじ登ると稜線上の踏み跡を見つけた。早川尾根や甲斐駒ヶ岳では少なかったお花が増えてきた。振り返れば甲斐駒ヶ岳、北岳、仙丈ヶ岳の3000メートル級が一望だ。甲斐駒ヶ岳から大分高度を落とし、六合石室辺りからうねうねと稜線を伸ばしてきている。鋸岳の核心部である第一高点、第二高点が熊穴沢ノ頭の右手に見えてきた。鋸岳の核心部はもうかなり近づいている。昨年迷い込んでしまった烏帽子岳がさんさんと朝陽を受けている。そこからまもなくプレートが架かる烏帽子岳との分岐に合わせた。このプレートは鋸岳縦走路で数少ない道標の一つである。

この分岐を左へ取り熊穴ノ頭を踏んで中ノ川乗越に向かう。整備された登山道が荒れているというより、踏まれて登山道になった消え入りそうな踏み道が続く。熊穴沢ノ頭は7時50分に通過。樹間からいっそう近づいた第一高点や第二高点が垣間見える。中ノ川乗越への急な下り坂にさしかかると妨げる物がなくなり、第一高点が隠れて第二高点の大きな山塊が眼前に広がった。中央に見える沢状のガレ場を登っていくのだ。事前に目を通してきたネットの記録には「見た目ほどには勾配はきつくない」という記述が共通していたが、私たちロートル組にとっては大きなアルバイトだろう。左手には昨年エスケープした熊穴ノ沢がすごみを感じさせるほどに落ち込んでいる。そのはるか下方に戸台川の白っぽい河原が望まれる。

〈次の休憩は中ノ川乗越まで〉とそう内心決めていた。鋸岳縦走の成否はこの乗越にいかに早くたどり着けるかがポイントである。エスケープするなら昨年と同様、熊穴ノ沢へ下るしかないのだ。しかし相方は手前で要求。休憩タイムの要求が頻繁になっているのは気がかりである。中ノ川乗越に降り着いたのは8時39分。昨年より1時間早い。心配された相方もさほど疲れを見せていないようだ。天候も安定している。これなら鋸岳の核心部の通過は可能と判断した。とはいえ昨日見舞われたような雷雨の可能性がある。午後の早いうちに角兵衛沢乗越には出ておきたい。

昨年ここから熊穴ノ沢へ無念にもエスケープした。「山は逃げない。また来ればいい」と潔く決断したのだった。あれから1年。鋸岳縦走は体力と気力を要するロングコースである。リベンジはまだ元気なうちにと今夏に決断した。これから中ノ川乗越より先は未知の領域である。いささか緊張が走る。第二高点への登りのガラ場は当然踏み跡はない。というかガラ場は次から次へと崩れていくので踏み跡が付かないのだ。適当に踏み入れて行くもほとんどが浮き石で足下から崩れていく。浮石を崩さぬようだましだまししながら高度を上げていく。左手は草付きである。草付きの方が安定しているかと左手にルートを取っていく。徐々に高度を上げていくと勾配がきつくなる。四つん這いになって這う方が効率的である。この際格好などかまっておれない。

ガラ場の沢の右手奥に見える大きな台形状岩峰がなかなか近づかない。何度も何度も腰を下ろしながらようやく台状岩峰との鞍部に着いた。立ち木にぽつんと「中ノ川乗越へ」のプレートが架かっているのみである。このプレートはその岩峰に踏み込まないよう、第二高点からの下りのためのものだ。そこから左手に伸びる尾根をひと登りでついに第二高点のピークに立った（10時20分）。ピークはさび付いた鉄剣が岩の間に突き立てられているのみで山頂を示す標柱すらない寂しい頂きだ。ここまで来れば角兵衛沢のコルまでアルバイト的には山を越したといっていい。もう厳しい登りはないのだ。まずはそのことにひと安堵。ガスが出て展望はイマイチだがそんなことに微塵の口惜しさもない。大ギャップ側の尾根をのぞき込んでみると、もう目と鼻の先に近づいているはずの第一高点はガスに隠れ、「鹿窓」へ続く意外とおとなしそうな第三高点（中岳）の岩稜が見下ろされる。大ギャップは手前のスカイラインに隠れているようだ。

さてここから第二高点から戸台川側に派生する中央稜を下り小ギャップのルンゼと合わせるところまで下らなければならない。ルートは地図や概念図を見なくても頭の中にたたき込んでいる。いくつか目を通してきた記録には「戻るように進むと降り口がある」と書かれていた。ピークから戸台川側を見回してもそれらしき尾根は見あたらない。下が見えないほどに中央稜が急に落ち込んでいるようだ。目を凝らすと戸台川側の灌木に結ばれた小さな赤テープを見つけた。灌木を分け入ると急降下する尾根の踏み跡が明瞭になってきた。踏み跡は尾根筋から徐々に右手、すなわち大ギャップ側に付くようになり、間もなく右手に2カ所踏み跡を分ける。これが大ギャップのルンゼを横切り第三高点（中岳）から張り出た岩壁のバンドに通じる踏み跡だろう。さらに高度を落としていくと灌木の間からその岩壁の全容が見えてきた。壮絶な絶壁である。目を凝らすと絶壁をトラバースするバンドが認められる。外形を強いられる箇所があるというから、そこに身を置けばさぞかし身震いするような高度感だろう。さらに高度を下げると右手のスカイラインに遮られていた大ギャップが見えてきた。深いV字であるだけでなくもろい岩がクライマーを阻んでいる。そのもろさはルンゼ一杯に堆積している岩屑が示している。

さらに下っていくと「鹿窓」のルンゼの底が近づいてきた。足下に倒木に打ち付けられた「第一高点」のプレートが転がっている。目を通してきた記録には「このプレートが認められたら正確にルンゼの底へ向かっている」と紹介されていた。確信はしているもののルートを外していないことに安堵する。高度を落としてきた位置から改めて第三高点（中岳）の岩壁を見上げると、バンドのトラバース道が斜上しているのがはっきり認められる。生意気にもこの程度なら通過できぬこともないなんて思えてくる。

ルンゼの底を見下ろすと「鹿窓」ルンゼへの踏み跡がはっきり見えてきた。これも目を通してきた記録通りだ。当たり前といえば当たり前だが、頭にたたき込んであるルートがイメージ通り眼前に展開することに面白さを感じてしまう。見下ろす踏み跡は決して難しくはないように見える。ついに大ギャップのルンゼの底に降り立った。記録によると高度差にして130メートルほど下げているとのことだ。この下降は大ギャップを迂回するための代償だ。ガラ場になった谷を少し下って「鹿窓」のルンゼに通じる踏み跡に取り付く。大ギャップのルンゼを見上げると砕石されたような岩屑がルンゼ一杯に累々と堆積している。熊穴ノ沢上部も谷一杯に砕石のような岩屑で埋め尽くされていた。それよりもさらに小さい岩屑であることがこの辺りの岩のもろさを物語っている。鋸岳全体が赤茶けた逆層の岩だ。甲斐駒ヶ岳が白っぽい累々とした花崗岩だったのと対照的である。隣り合わせの山であるのにかくも地質が異なるものか。この地層は中生代の赤石層群の砂岩や粘板岩が、甲斐駒の花崗岩貫入で熱変成を受けてもろくなったといわれる。


さて「鹿窓」への踏み跡をたどる。「鹿窓」のルンゼの右岸の山腹を巻いて登っていく。ルンゼの下部の方が急峻で岩屑が堆積しているので高巻きしているようだ。灌木混じりの山腹を巻き終えてルンゼに合わせるところで上方を見上げると、うっすらガスがかかった岩稜にぽっかり穴が空いているのが認められる。これが「鹿窓」だ。トップを行く相方は「鹿窓」にまだ気づいていないようだ。

「鹿窓が見えるぞ」

私は思わず大声で叫んだ。依然砕石のような岩屑がルンゼ一杯に堆積している。崩さないようだましだまし登っていく。ルンゼが「く」の字に曲がり「鹿窓」は見えなくなった。右手に第三高点（中岳）から張り出している岩壁からトラバース道が合わせてきた。絶壁を横から見ている位置なので第二高点の下降途中から眺める場合より高度感がすさまじい。実際にたどるときより横から見上げる方がびびってしまうような高度感だ。

鹿窓のルンゼに鎖が出てきた。岩角に可憐なピンクの花が咲いている。ここではまだ花を撮る余裕があった。鎖は「鹿窓」直下から垂れ下がる30メートルほどの長いものだ。鎖の下部では必要はないものの半ばあたりから鎖を頼る。ルンゼの上部に差しかかると傾斜が増してきた。先行している相方が落とすこぶし大の落石がばらばらと落ちてくる。もちろん私はよけられるところで待避している。相方が右手の岩溝に待避し合図を受けて私が登り始めると、単独の男が合図することもなく下降してきた。

〈この無礼者！〉——私は声に出さなかったが、心の中で叫んだ。ここは登って来る人がいないか声をかけてルンゼに入るのがマナーではないか。どの世界にもマナーを心得ぬ輩はいるものだ。先行する相方も私も右手の斜めのチムニー状の岩溝に待避し、「無礼者」の通過を待つ。「無礼者」はノーヘルメット。ばらばらと落ちる小石の洗礼を受けている。こぶし大の石がリュックの雨蓋に取り付けたマットを直撃するのを目撃した。もう少しそれていたら頭部を直撃していただろう。

相方が「鹿窓」を抜ける。その雄姿を写真に収める。いよいよ私の番だ。相方の合図を待って「鹿窓」に取りかかる。待避した位置から鎖の位置まで1メートル以上あり、「鹿窓」に到達している相方」に右へ振ってもらうもびくともしない。鎖は自重に引っ張られて岩溝側には寄ってこないのだ。やむ得ず身体を鎖の側に寄せなければならない。おそるおそる手がかり足がかりを見つけて横移動して鎖をしっかりつかんだ。足場を決め慎重に身体を引き上げ「鹿窓」へ到達した。ついに難関の「鹿窓」に到達！「鹿窓」は想像していたより大きな穴だった。左に傾いた穴は幅1・3メートル、高さ2・7メートル。くぐり抜けるのに背をかがめなくとも通過できる。「鹿窓」の通過は鋸岳縦走の最大のハイライトである。くぐり抜けた山梨県側で思わず待っていた相方と握手。丁度反対側から来た男と「鹿窓」前で記念写真を撮り合った。

実は事前に色々記録に目を通し、ネットで画像を探したが、山梨県側の「鹿穴」からみた小ギャップまでの画像が皆無だった。穴を抜けると果たしてどんな風景が広がるのだろうか、ワクワク期待した。しかし灌木に覆われて展望はなく拍子抜けである。ネットにも紹介する画像がなかったのも頷ける。小ギャップの岩稜は灌木越しに意外と目と鼻の先である。赤テープを頼りに灌木の中の踏み跡をたどり岩壁を越えると小ギャップの縁に立った。ここからは小ギャップの底も登り返しの壁も、そして右奥に第一高点もすべてが見通せる。ギャップの底を見下ろすと長い鎖が垂れ下がっている。斜度は幾分緩そうだ。むしろ高度差は小さいが第一高点側の登り返しの壁の方が垂直の逆層で難しそうに見える。

右手の巻き道を下り難なく小ギャップの底へ降り立った。下降してきた壁を見上げるとかなりの高度差がある。斜度は緩くてもこれだけの高度差の岩壁を登るのはちときつそうだ。逆コースで来た場合でも鎖に頼らず巻き道にお世話になるのが無難だろう。何しろ私は腕力が弱く長い鎖場は苦手である。さて第一高点側の岩壁の登りはためらわず補助ザイルで相方に確保してもらうことにした。クライミングをやる人ならフリーで登ることも可能という記録がないではない。足がかり手がかりは見つかりそうだが、クライミングの技量がない者には逆層の足場で滑らせる不安がある。相方にザイルを引っ張り上げてもらい、私の腰に巻いたスワミベルトに結んで確保してもらうのだ。クライミングをやったことがある相方は難じることもなくすいすいよじ登っていった。

「テンション!」

相方がテラスで確保の準備をし終えるのを待って大声を上げる。ザイルが緩んでいると私が落ちた場合滑落の幅が長くなり危険度が高くなる。私がよじ登るワンストロークごとにテンションがきいておればザイルが伸びる幅は狭くなる。最大でも数十センチの落下にとどまるだろう。足がかり手がかりは容易に見つかる。補助ザイルに支えられているという安心感が足場に体重をかける決断を与えてくれる。補助ザイルにお世話になることなくテラスに躍り出た。これで鋸岳縦走の山場は越したといっていい。テラスに立って伸びたザイルを悠然とたぐり寄せる相方が頼もしく見えた。

そこからひと登りで念願の第一高点に立った(13時16分)。三度目の挑戦にして鋸岳を縦走し第一高点に立てた歓びは他の山に増して大きい。初めてこの山を登れないものかと気にとめた頃、岩登りの技量のない私には手に負えない山だと思ったものだ。さりとて角兵衛沢をピストンして第一高点をピークハントするのも味気ない。それで色々記録に目を通し、情報を集めていくうちに〈縦走できるのでは〉と思えるようになった。とくに第三高点(中岳)から派生する岩壁のバンドを長々トラバースする中間道をたどらず、大ギャップのルンゼの底まで降りて鹿窓のルンゼに取り付くルートがあることを知ったときには、これで縦走はできると確信したものだ。とはいえあれほど不安だった鋸岳の縦走が、越してみればさほど技術的に難しいルートではないと思えてくる。ロングコースだけに体力は求められるが、率直に言って昨年挑戦した妙義山の「鷹戻し」の方が難しいように思える。

〈遅くとも12時には鋸岳に着ければ〉——大まかな目算を立てていたが大幅に遅れてしまった。急がないと昨日のような激しい雷雨に見舞われる恐れがある。角兵衛沢のコルまでやせ尾根が続き、左手の戸台川側は切れ落ちている。慌ててけつまずいたら空中ダイビングが待っている。急がねばならぬといっても一歩一歩確かめ枝や根っこ、岩角をつかんで慎重に慎重に下る。左手に下山ルートの角兵衛沢が直下に見下ろされる。戸台川の白っぽい河原も遙か遠くに見える。あそこまではまだ相当の時間とアルバイトが必要だ。

亀足の私たちは無事コルに降り立った（14時37分）。昨日の今頃は激しい雷雨に見舞われていた。今朝快晴だった空もすでに全天が厚い雲に覆われている。しかし雲行きは黒ずんでおらず雷雨は避けられるかもしれない。稜線で雷雨に見舞われたら風雨だけでなく雷にまで注意を払わなくてはならない。そうなると行動は制限される。しかし谷に入れば雷に打たれる確率はほぼなくなる。まずは雷の危険域を脱したことにほっとする。

角兵衛沢を下り始める。40〜50センチほどの岩塊が谷一面に敷き詰められたように広がり、高度差にして400〜500メートル斜面が急降下している。岩塊の供給源は左右の岩壁だ。それほどに鋸岳の岩はもろい。そのすべてが浮き石だ。靴を置けば足場がぐらつく。不用意に靴を運べば捻挫が待っている。一歩一歩慎重に靴運びをしなければならない。それでも岩塊が崩れ始め、ガラガラと岩塊の雪崩を引き起こす。雪崩はそう長くは続かないが、辺りにはきな臭い異臭が立ち込める。目撃はしなかったが岩と岩とがぶつかり火花を散らしているのだろう。

大分下ったようにも思えるが見上げても見下ろしても大して風景は変わらない。大海原を航海しているような感覚だ。ついにぽつりぽつり落ちてきた。激しくならないうちにとカッパを着けるや止み、暑くなって外したりを繰り返し、なかなか高度が下がらない。南アルプススーパー林道をまだ見下ろす位置だ。ようやく左手に踏み跡が見えてきた。人影が見える。大岩下の岩小屋に泊まる人のようだ。左手に分けた踏み跡をたどると単独の若者がテントを張っていた。

岩小屋に着いたのは日没まであと1時間余りの17時20分。ここはまだ標高2000メートル。戸台川までさらに標高差にして700メートルを下らなければならない。日没までに戸台川に降り立つことは到底不可能である。仮に降り立てたとしても渡渉もある暗闇の河原を歩くことは無理である。ここは大岩がオーバーハングし、雨露をしのげる平らな寝場所もある。岩間からしみ出る程度だが水も確保できる。ここでビバークすることを検討したが、相方の合意が得られずさらに下っておくことにした。水を補給し岩塊歩きから土踏みの踏み跡になった登山道をトボトボ下山。岩小屋から400メートルほど下った地点でついに日没。案の定暗闇を歩くことは無理である。ここでビバークを決断した。

ビバーク地点は標高1600メートル付近の山中である。途中ポツリときたが間もなく止み、雨が降る気配はなくなってきた。落ち葉のクッションの寝床は快適だった。

昨夜は心配された寒さを感じることもなく動物の襲撃もなかった。もっとも相方によると小動物が近寄ってきたとのことで、爆睡していた私は夢の中だった。17日午前5時20分、ビバーク地をスタート。昨夕大分高度を下げていたおかげで、ようよう戸台川に降り立つことができた（6時52分）。戸台川に注ぎ込む伏流水で喉を潤す。徒渉して対岸に渡るとギザギザのスカイラインの鋸岳と下ってきた角兵衛沢が見通される。よくぞ難関を縦走し長丁場の角兵衛沢を下ってきたものだ。達成感がじわじわ胸の中に充満してくる。しかしあと一仕事、河原歩きが待っている。左岸に遊歩道のような登山道が延びているかと思えば長々歩きにくい河原歩きを強いられ、ようやく第1堰堤に到着。振り返ると甲斐駒ヶ岳や双児山が見通される。第2堰堤を越すと取水口が見えた。これで河原歩きも山を越したかに思えたが、第3堰堤を越してから踏み跡が荒れてきた。どうしても渡渉しなければならないところに出た。目測を立てて飛ぶも目標点に届かずザブン。もう疲れ果ててジャンプ力が落ちている。半身ずぶ濡れだ。おまけに流れに潜んでいた岩に右大腿部をしこたま打った。河原歩きでも十分苦しめられ、ほうほうの体で河原の駐車地点にたどり着いた（10時12分）。

このルートはザイルを使わない一般コースとしては最難関というべき岩稜の縦走だ。私たちは達成感にあふれていた。

（山行日　2013年8月15～17日）

第26話　大無間山（２３３０メートル）

……地図から登山道が消えた累積標高差２０００メートル超えに、82歳の「怪物」と挑む

大無間山は南アルプス深南部の山である。井川ダム最北端の田代から単純標高差は１７００メートル近い。くわえてＰ１〜Ｐ４は「鋸歯」と呼ばれる激しいアップダウンがあり、累積標高差は２０００メートルを超える。コースタイムは14時間。そればかりではない。Ｐ１と小無間山との間には、両サイドが崩壊したナイフリッジの通過があり一級のきつい山である。途中狭い避難小屋があるのみだ。

昭文社の「山と高原地図」シリーズの２０１４年版「塩見・赤石・聖岳」には、「小無間山〜Ｐ１間のコルはナイフリッジ状の崩壊地になっており通行不能」と記されている。破線すらなく登山道が途切れている——こんな山は知る限り見たことがない。

そのきつい山に82歳の「怪物」さんと74歳のＨ男さん、それに69歳の私の老々メンバーで登ることになった。

20年ほど前の地図やガイドブックには、ちゃんと実線の登山道が記載され、崩壊地の記載はあるものの、通行不能とか超危険という記載はない。Ｙ男さんグループが３年前に登った際には、南側

崩壊地と北側崩壊地は繋がっていなかったというから、最近崩壊が激しくなっているようだ。ネットで最新の山行記事を読むと、3本ザイルが架かり、何とか通行できるようである。「もう少し崩壊が進めば本当に通行ができなくなるだろう」とか、「ナイフリッジの上部の方が崩れてきており、そちらの方が危険」という記事も見られる。昨年秋、東北の山に遠征した際、神室山（秋田・山形県境）の下山口で出会った栃木の人の話でも、何とか通行できたと耳にしている。私の残されている三百名山踏破の中でも最も厳しい山の一つである。

最小限の荷でピストンしたY男さんグループが、早朝4時にスタートし戻ったのは18時だったと聞く。14時間を要している。その山行に「怪物」さんも参加していたが、直前に持病の不整脈が出て断念。それでも諦めきれずに2時間後に出発。P2まで行って引き返したという。彼にとってはリベンジの山である。彼の要望を入れて、日帰りのピストンは止めて小無間山小屋泊りとした。初日は食糧、水3・5リットル、寝袋などを小無間小屋まで標高差1000メートルを担ぎ上げ、小屋にデポ。水、行動食など最小限の荷で大無間山に向かい、その日は小屋まで引き返し小屋泊まり。2日目に下山するプランとした。

それでも初日は、累積標高差2000メートルを登って1000メートル下り、行動時間は10時間に及ぶ。足は持つかとちと不安である。7月に遠征した北海道のニセイカウシュッペ山から下山途中転倒し、左足に違和感を覚えた。2日間休養後、テーピングして石狩岳に臨み、その効用を実感した。タイツはそのテーピング理論を応用したものである。あの締め付け感が嫌でこれまで敬遠してきたが、今回はタイツを着用することにした。

8月12日4時前、田代の民宿を出発。前日下見しておいた諏訪神社境内の空き地に駐車し、4時5分スタートを切る。今回は長丁場とあって早立ちが不可欠。8月も中旬になると日の出が遅くなり、4時を過ぎてもまだ暗闇。登山届を出すにも手間取ってしまう。いつものように「怪物」さんがトップで歩き出す。ヘッデンを頼りに踏み跡をたどる。倒木を越えたところで踏み跡を見失い、しばしウロウロ。3人でヘッデンを照らし、六つの目を凝らせば登山道に復帰できた。4時30分を過ぎる頃から辺りがようやく白み始める。白い大きな傘のキノコが群生。薄明かりに心なしか傘が光っているように見える。気味が悪い。発光現象があるのだろうか。

ジグザグの急登をひと登りすると傾斜が緩んで雷段（1085メートル）に出た（4時49分）。ここは平坦地。「段」がつく地名は「山伏段」や「栗ノ木段」など南アルプス深南部の山に見られる。段は高低の差がある意。急登が緩んだ平らなところに付けられているようだ。倒壊した小屋を見送る。沢音が聞こえてきた。普通登りだしの沢音が徐々に聞こえなくなっていくものだが、高度を上げてから聞こえてくるというのはどんな地形になっているのだろう。そんなことを考えているうちに沢音は遠のいていった。登山道はかつて造林用の作業道だったようだ。階段もなければ岩踏みもない、根張りだってさほどない、快適な道が続く。その上、檜・杉林に微風が吹く。実に心地いい。このところずっとうんざりするほど猛暑が続いた。日中熱くなった空気が夜間に冷やされて重くなり、斜面を駆け降りてくる局地的な山風である。歩きにくいうえに風すらなかったら早朝から辟易するところだ。空は高曇りの晴れ。この先ずっと樹林帯歩き。展望は得られないが、その分直射は避けられた。

1500メートル付近から急登。しかし悪路ではない。土踏みの急登だから何となく靴を置くと滑ってしまう。初めて着用したタイツは膝頭がキュッと締め付けられ、持ち上げる足が軽い。大量の水、無人小屋泊まりの荷がいつもより重いが、すいすい登って行ける。テーピング効果がしっかり働いている実感がする。心配した暑ぐるしさも感じられない。タイツに半ズボンか巻きスカート、カラフルな速乾性のシャツという山装束がすっかり定着している。〈そんな装束で岩角をひっかけて肌身は守れるのか、ファッション性が優先されているのではないか〉と、見向きもしなかったタイツだが、実用性がありそうだ。

「急登が堪えた。一本立てましょう」

「怪物」さんがクラシカルな言葉を発して休憩宣言。そんな言葉が出てくるのも、さすが戦後間もなくから山とスキーを楽しんできた山屋さんのことではある。山用語一つにしてもそこいらの新参者とは年季が違う。彼はどの山行に一緒してもトップを買って出る。トップで歩けば自分のペースを守れるからだ。決して早いわけではないが遅いというわけでもない。82歳としては驚異的といっていいスピードだ。ワンピッチ目は必ず30分で休憩を取るし、きついところでは、「1時間ごとに小休止」というセオリーにとらわれず休憩宣言する。無理せず頑張らず自分のペースさえ守り切れば今回の長丁場も登り切れるという、確かな確信があるからだろう。

ヤセ尾根を急登し、巨岩が見えてくると、

「もう避難小屋が現れていいはず」

「怪物」さんがそう言い放った矢先に小広いＰ４（１７９６メートル）の高みに出た。小屋はどこかと目を凝らすと、うっそうと茂る樹林の奥に青いペンキの小無間小屋はあった。彼の記憶は確かである。スタートしてから丁度3時間。コースタイム通りだった。

小屋は静岡市営。避難小屋といえども今日瀟洒《しょうしゃ》な小屋が増えているというのに、トタン板囲いのプレハブというのはちと貧相である。水場もない。トイレがないためだろう、辺りに野糞が目立った。20年以上も前の古いガイドブックに目を通すと「中電の反射板巡視の小無間小屋」と紹介されている。その小屋を静岡市が譲り受けたものと見える。こぢんまりしている小屋は10人ほど泊まれそう。銀マットが敷かれ小ぎれいである。寝袋が一つ置かれ、とぐろを巻いたロープの束が置かれている。これはＰ１から下ったコルのナイフリッジに架かる固定ザイルの補修用のものだろう。使い残しの2リットルペットボトルに水も残っている。蓋を取って匂いを嗅いでみたが異臭はなし。これは今宵煮沸して使わせてもらおう。諏訪神社境内には他に駐車している車はなかったし、後続があるとも思われない。今宵は貸し切りだろう。デポできるものは最大限デポする。雨は降りそうにもない。雨合羽までデポした。

水と行動食、最小限のものだけを詰め込んでスタート。Ｐ４はびっしりオオシラビソに覆われているが、西側の展望がきき、大無間山が垣間見える。まだはるか彼方だ。このＰ４から小無間山にかけて、「鋸歯」と呼ばれる起伏の激しいヤセ尾根が始まる。この先Ｐ３、Ｐ２、Ｐ１と小ピークを越していき、標高差３００メートルの小無間山を登り切って、激しいアップダウン劇は終わる。昨夕民宿の食堂に飾られていた大無間山の写真を眺めた。右に長く延びる穏やかそうに見える大無間山のスカイラインがコルに向かって急激に高度を落としていた。最後のＰ１とのコルからは標高差３００メートルのカベになっているのだ。

大無間山の山頂までほとんど展望に恵まれない、長丁場の山である。この山のハイライトは眺望がいいとか、山型がいいとか、花に見とれるところにあるのではない。激しいアップダウンの「鋸歯」と崩壊した両サイドが繋がったナイフリッジの通過にあるといっていい。いささか緊張が走る。うんと荷が軽くなったリュックを背負い、Ｐ３とのコルへ下っていく。左手に樹林の間から大無間山がちらりと垣間見える。まだ大分遠い。岩と木の根が絡んだ急登を登り返してＰ３に立つ（７時31分）。むろん岩峰に過ぎないＰ３に山名板は立っていない。それはＰ２もＰ１も同様だ。再びコルに降りて急登を登り返してＰ２に立つ（７時42分）。

「前回ここまで来たんだ」

「怪物」さんが感慨深そうにいう。樹間から見上げるような小無間山が垣間見える。Ｐ１に登り返してから小無間山とのコルへだらだら下っていくと、崩壊地が見えてきた。最初は左手（南側）がパックリ崩れている。実際はすごい崩壊地なのだろうがガスが立ち込め全体状況がつかめない。その縁を慎重にたどっていくと右手（北側）も大きく崩壊し、両側の崩壊がつながってナイフリッジになっている。

「崩壊が進むと両側がつながるのではと危惧していたが、ホントにつながってしまった」

3年前ここを通過したY男さんは、この画像を見て驚きの声を上げたほどだ。彼らが通過したときは右手の崩壊は稜線に迫っていたが、左側の崩壊と繋がってはいなかったのだ。崩壊が目に見えて進んでいることを示す話である。南アルプスには山が崩れ落ちたところを指す「薙《なぎ》」という地名が多い。南アルプスの山は崩れやすい地質なのだろう。

ここでも「怪物」さんがトップで取り付く。前半の水平部分は難なく通過し、後半の斜度のあるナイフリッジも慎重によじ登った。ただ右片手にストックを持ち、左手でロープをつかんで通過するのはちと危なっかしく見える。〈転ばぬ先の杖〉よろしく、いつも手を離さない片手ストックは彼のトレードマークである。しかし悪場でストック使用はかえって危険である。

「下りではストックは仕舞った方がいいのでは」

登り切ってから彼にそう声をかけた。

「下りの方がより危険ですからね」

彼は率直に同意した。

H男さんが続く。2人が灌木のある安全地帯に上がったのを見届けて私がナイフリッジに取り付く。3本架かっているロープを束にしてつかみながらナイフリッジを進む。一歩一歩、歩を進めるごとに足元からガラガラ崩れていく。それでも前半はほぼ水平に近いので恐怖は感じられない。しかし3本のザイルのうち、テンションがきつい1本は、左寄りに架けられているので頼り切ると崩れている左側に引っ張られてしまい、かえって危ない。そのロープは手放し、弛んでいる他のロープ2本に頼る。恐怖感が増したのはナイフリッジが小無間山側に斜度が増した斜面だ。砂地が付いた岩はずるずる滑る不安にかられる。ロープを握っているだけでは足を滑らせた場合、ロープを手離してしまう恐れがある。そうなれば万事休す。弛みを利用してロープを手首に巻き付けて一歩一歩慎重に身体を引き上げる。無事ナイフリッジを脱し、左手が灌木混じり、右手側(北側)だけの崩壊斜面に到達した。

ナイフリッジと呼ばれるところは、ジャンダルム～奥穂高の馬ノ背、大山の弥山～剣ヶ峰、笈ヶ岳手前の冬瓜山、戸隠山の蟻ノ戸渡、鳥甲山の剃刀刃など各地にある。スパッと両サイドが切れ落ちている馬ノ背も蟻ノ戸渡も四つん這いや馬乗り、いざりながら通過したが、いわれるほど恐怖感はなかった。大山のナイフリッジは弥山と剣ヶ峰の間ずっと続き、引き返してくる者もいたが、足元から次々崩れ落ちることも滑ることもなくさほど危険を感じなかった。しかしここは短いものの、足もとが滑りやすいので緊張を強いられた。ナイフリッジは通過したが、危険地帯は続く。右手側の崩壊はさらに上方まで延びて、灌木自体が不安定な奴もある。灌木に頼り切るのは危険である。一本一本つかむ灌木、根っこが浮いていないか確かめながらつかまり身体を引き上げていく。ここまで崩壊が延びてきたら間違いなく通行は不可能になるだろう。

ナイフリッジのコルから300メートルの急登をあえいで、小広い小無間山(2150メートル)に着いた(9時42分)。ここもコメツガやオオシラビソの針葉樹にびっしり囲まれ展望はない。スタートしてからすでに5時間半以上が経過。小ピーク群とナイフリッジを通過し、小無間山に登りついて長丁場の大無間山のハイライトは終わった。この先、小無間山～中無間山～大無間山まで、もうきついアップダウンはなくあと2時間ほどのんびり稜線を歩けばいい。

だらだら下っていくと、

「前方に山が見えない。おかしい」

トップを行く「怪物」さんが戸惑いの声を上げた。GPSでチェックしてみると進むべき方向に誤りはない。その先はちょっと落ち込んでいるのだ。

「枝稜に踏み込んで引き返すのも嫌ですからね」

彼は安堵の相槌を打った。

うっそうとした針葉樹の樹林帯、石も倒木も苔蒸している。足元にはイワカガミの艶のある葉が叢生。もう花季が過ぎて花らしい花もない。わずかに秋の花のママコガやギンリョウソウの仲間のヒャクジョウソウが見られるぐらいだ。変わり映えのしない縦走路が続く。しかしこれが南アルプスの深南部にふさわしい光景ではある。ひたすら木の香、土の香を嗅ぎ、どっぷり自然の中に身を置くのもいい。突然稜線の右側を巻く道が明るくなった。多分左側はガレているのだろう。数メートル斜面を上がってみると案の定大きく崩壊している。ここが唐松薙といわれるところだ。大きく崩れた斜面にはガレの縁までガスが充満。残念ながら富士山は望めない。

10時34分、中無間山に着いた。縦走路はここから左へ大きく曲がる。下山の際直進しないようロープが張られている。ここまでくれば長丁場の大無間山の登頂は掌にのってきた。コースタイムで歩ければ12時には山頂に立てるだろう。間もなく13時間を超える長丁場の山に登頂できるのだと思うとふつふつ喜びがこみ上げてくる。しかし疲れてきたこともあってここからが意外と長く感じられた。急登し右手に展望が得られる岩場を2カ所見送る。馴染みのある山型ではない。帰宅して調べてみると光岳〜上河内岳の稜線のようだ。右奥に見えるのは荒川三山のようだが雲がかかり定かでない。「怪物」さんに足がつる症状が出てきた。心配されたがすぐに回復。半端でない登りが続く。大無間山を遠望したとき、双耳峰に見えたあのところに差し掛かっているのだろう。ということは山頂に近いはずだ。しかし登れども山頂はなかなか現れない。気になってGPSでチェックしてみるとまだ1000メートルぐらいありそうだ。しばらく歩いてまだかチェックしてみるとまだ300メートルほどある。

11時54分、ついにだだっ広い山頂にたどり着いた。まったく展望のない山頂だが、いつもの山頂にも増して登頂の喜びが大きい。リベンジの「怪物」さんも満足げである。

〈いくら「怪物」といっても82歳がこの長丁場の大無間山に挑戦して大丈夫か〉

率直に言ってそう思わなかったといえばウソになる。一度ならず大丈夫かと気になった。しかしペースを守り、日帰りにこだわらず小屋泊まりにして重荷は避難小屋にデポし軽量で登った作戦が功を奏した。山頂に思い思いの余韻を残して下山だ。14時丁度、小無間山に戻り、ナイフリッジのコルへ急降下。崩壊が始まっているナイフリッジの上部から慎重に下降する。「怪物」さんは登りの際に確認したとおりストックをリュックにしまい込んでナイフリッジを無事通過。H男さんと私が続く。

「渡辺さんの真剣な顔を初めてみました」

私のナイフリッジの通過ぶりを見守っていた「怪物」さんが冷やかしの言葉を投げかけた。無事3

人が難所を越えられた余裕の言葉だ。

ポツリポツリ落ちだした。雨合羽は小屋にデポしてきた。〈大降りされたらかなわんなあ〉と危ぶんだが、樹間から垣間見える天空には青空さえのぞいている。大降りになる心配はなさそうだ。お湿り程度の雨脚は長丁場で火照った身体にはかえって心地いい。16時、無事小屋にたどり着いた。天候は下降気味。明日は確実に雨降りだろう。

翌13日は予報通り朝から雨降り。快適に1000メートルを下って、お世話になった民宿で汗を流した。

「怪物」さんは年を重ねて今年88歳を迎えた。三百名山を3座残している彼は、3000メートル級の赤牛岳に今も諦めずにチャンスをうかがっていると耳にした。私は「60代は洟垂れ小僧、70代は青春、80代は働き盛り、90代はボツボツ店じまいの準備を」という先輩から聞いた言葉が好きである。「怪物」さんはまさしく働き盛りである。

（山行日　2015年8月12～13日）

おわりに

医業の傍ら二束草鞋で小説を書いている南木佳士は私が大好きな作家です。氏は末期の肺がん患者の血を見て看取る日々に心のバランスを崩してしまいます。その回復のために山歩きを始めました。「晴れた日の午前の針葉樹の香りが、それまでに服用したあまたの精神安定剤よりもはるかに深く心身をリラックスさせてくれる作用があることを知ったのも山にのめり込んだ大きな理由だった」と述べているほど山好きになりました。その南木佳士は、山行記を書かないと下山した気分になれないといいます。私も山行記を書かないと登山が終わった気分になれず、主だった山行は山行記を書き続けてきました。

私の登山、山旅は先鋭的なものではありません。ちょっぴり探検心とわくわく感を味わえそうな山に好んで登り、ときめきや考えたことを書き込んできました。

今年秋、後期高齢者に突入しましたが、まだ気力、体力が残されています。その限り山とスキーはやめられません。本書は昨年三百名山を完登した我が登山人生56年間の一つの締めくくりですが、卒業文集ではありません。次のステップに向けて歩み続けます。

最後に妻をはじめ山旅を共にしていただいたみなさんに感謝申し上げます。

【著者紹介】
渡辺 国男（わたなべ くにお）
1945年福井市生まれ、大阪府岸和田市在住。
学生時代ワンダーフォーゲル部に入部。後に山スキーを始める。
52歳で百名山踏破。
74歳で三百名山を踏破。
［著書］
『肺ガンステージⅣ 山好き女の挑戦』（新日本出版社、2017年）
『ドキュメント「森友事件」の真相』（日本機関紙出版センター、2020年）

山旅ときめき紀行 —山は愉しみに満ちている

2021年2月1日　初版第1刷発行

著者　渡辺国男
発行者　坂手崇保
発行所　日本機関紙出版センター
〒553-0006　大阪市福島区吉野3-2-35
TEL 06-6465-1254　FAX 06-6465-1255
http://kikanshi-book.com/　hon@nike.eonet.ne.jp
本文組版　Third
編集　丸尾忠義
印刷・製本　シナノパブリッシングプレス

Printed in Japan
ISBN 978-4-88900-990-3